KB061986

베테랑의 공부

베테랑의 공부

임종령 지음

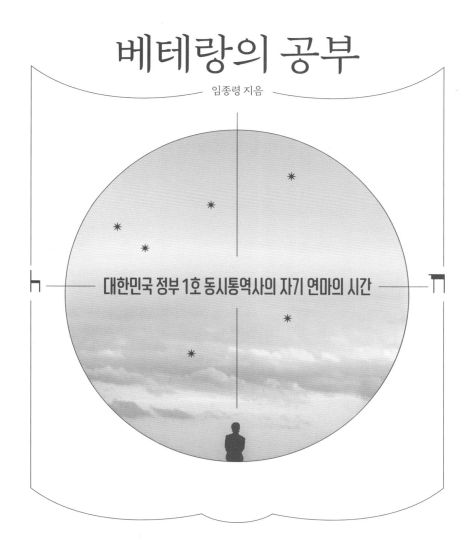

대한민국 정부 1호 동시통역사의 자기 연마의 시간

콘택트

새벽 5시. 깊은 잠을 자다가도 저절로 눈을 뜨는 시간이다. 눈을 뜸과 동시에 어젯밤 잠들기 전까지 들었던 오디오북의 문장들이 스르르 몰려온다.

... "웬 헬 프리지즈 오버When hell freezes over." 그래, 지옥이 얼어붙어야 일어날 수 있다는 뜻이니까 결코 일어나지 않을 거라는 뜻이지. 참 재미있는 표현이야. 우리나라 말로는 "내 눈에 흙이 들어가기 전에는"으로 옮기면 적당하겠다. 참, "어 페니 포 유어 또엇

츠A penny for your thoughts." 이것도 재밌어. 너의 생각에 1센트를 준다는 뜻이니, "네 생각 좀 말해줘"라는 뜻이 되지. 원어민이 많이 쓰는 표현이니까 나도 꼭 써먹자.

그리고 '트레이드 레미디'trade remedy. 이건 오늘 있을 무역 관련 회의에서 나오는 단어인데 통역을 '무역구제'로 해야 해. '레미디'remedy는 원래 '치료제'란 뜻인데 이렇게 '트레이드'trade랑 같이 쓰면 '해결책', '구제책'의 의미가 되고 '리걸 레미디'legal remedy라고 하면 '법적 구제책'이 되지. 또 뭐가 있었더라? 아, 'the Agreement on Subsidies and Countervailing Measures'. 이건 '보조금 및 상계조치협정'이라고 통역해야 해. 이건 외우기 힘드니까 컨닝 페이퍼에 적어두어야겠다….

나의 하루는 밀려오는 단어와 표현들을 상기하면서 시작된다. 5시는 고요한 시간이다. 아직 남편은 잠들어 있고 태평양 너머에 있는 두 딸도 각자의 일과를 치르느라 분주할 시간이다. 누구의 방해도 받지 않고 어떤 잡음도 없는 나만의 새벽 시간. 조용히 영자신문 홈페이지에 접속한다. 오늘의 뉴스 헤드라인을 훑고, 새로운 단어와 표현을 머릿속에 넣고, 같은 문장을 어떻게 다르게 표현할지 작문을 해보기도 한다. 그렇게 일과 나만이 존재하는 세상에서 가장 황홀한 새벽이 흘러간다.

◇ ◇ ◇

　내 직업은 국제회의 통역사다. 나에게는 '대한민국 정부 제 1호 통역사'라는 타이틀이 있다. 나 이전에도 국제회의 통역사는 있었지만 대한민국 정부에서 최초로 고용한 전속 통역사가 나였기에 이런 타이틀을 갖게 됐다. 나는 상공부(현 산업통상자원부)에 소속돼 4년을 일했고, 그다음은 미국 대사관에서 3년을 일했다. 한국이 OECD 가입을 앞두고 있던 시기에 국제 통상 업무를 두루 겪었고, 자동차 수출입 관련 협상, 반덤핑 조사, 국제 금융, 자유무역에 이르기까지 많은 분야를 경험했다. 이후 프리랜서가 돼 분야를 가리지 않으며 각종 국제회의, 기업 간 협상, 정상회담, 귀빈수행통역을 한 세월이 30년을 훌쩍 넘었다.

　국제회의 통역사라는 직업은 희소하다. 그래서인지 어디 가서 내가 국제회의 통역사라고 말하면 다들 대단하게 바라본다. 남들만 그런 것이 아니라 사실 가족들도 나를 대단하게 생각해준다. TV에서나 볼 수 있는 정상회담, 귀빈 수행 장면에 살짝 스치듯이 등장하는 사람이 내 친구, 내 며느리, 내 아내, 내 엄마라면 당연히 자랑스럽게 생각해줄 것이다.

　그렇지만 사실 나는 직업을 빼면 아무것도 대단할 것이 없는, 오히려 지극히 평범한 사람이다. 일 이외에는 다른 재주도 없고 취미도 없다. 수줍음이 많고 말주변도 없어서 어디 가서 내 자신을 드러내본 적이 없다. 일을 빼면 지금 내 연배의 많은 여성이 그러하듯 그저 매 끼니 메뉴를 걱정하고 장을 보고 청소를 하고 강아지와 산책을 하는 평범한 중년 여성이다.

그래서 가끔 생각한다. 만약 나에게 지금 하고 있는 이 일이 없었다면 나의 삶은 어땠을까? 이 일은 이렇게 평범한 나를 놀랄 만한 장소로 데려가준다. 말도 안 되는 분야를 경험하게 만들고 꿈도 못 꿨던 사람들을 만나게 해준다. 내가 이 일과 사랑에 빠진 이유가 바로 이 때문이 아닐까? 평범한 나를 특별하게 느낄 수 있는 순간들을 허락해주는 일. 내 자신을 기특하고 뿌듯하게 여길 기회를 주는 일. 세상을 바라보는 시선을 넓고 깊게 키울 수 있게 해주는 일. 그리하여 이렇게 보잘것없는 내가 세상에 유용하게 쓰이고 있다는 만족감, 행복을 주는 일.

어릴 적 직업이 자아실현의 도구라는 글을 봤을 때에는 그냥 교과서 속 글일 뿐이었다. 그러나 30년을 일하면서 이 글의 의미가 점점 선명해진다. 직업을 선택한다는 것은 평생 무엇을 하며 살지를 선택하는 것이다. 그리고 그 일을 통해 나 자신을 실현하는 것이다. 자아실현은 영어로 '셀프 리얼라이제이션'self-realization이라고 하는데 나는 이 표현보다 '셀프 액츄얼라이제이션'self-actualization을 더 좋아한다. '액츄얼라이즈'actualize라는 동사가 더 적극적이고 능동적이고 현실감 있게 다가오기 때문이다. 자기 자신을 '액추얼라이즈'한다는 것은 자신이 가진 능력을 최대치로 발휘해 '스스로 충만해지는 상태'self-fulfillment를 이루는 것이다. 일이 아니면 무엇에서 이런 충만감을 얻을 수 있을까?

◆ ◆ ◆

내가 계속 일을 할 수 있는 뿌리는 '공부'에 있다. 처음 통역사로 일하기 시작한 30여 년 전부터 지금까지, 나는 매일 변함 없이 새벽에 기상해 한국 뉴스를 정독하고 영어 뉴스를 확인한다. 운전을 하면서 영어 오디오북을 듣거나 그날 동시통역에 필요한 중요한 문장을 AI의 목소리로 들으며 따라 말한다. 일과가 마무리되는 밤이면 다음날 있을 번역 자료를 검토하며 하루를 마친다. 이렇게 나의 하루는 24시간이 거의 모두 공부로 이루어져 있다. 통역에 필요한 영어 공부, 한국어 공부는 물론이고, 통역 관련 분야의 배경지식, 빠르게 바뀌는 시사 뉴스, 경제, 학술, 과학 정보에 이르기까지 그 폭과 깊이는 다양하다. 이렇게 30년을 공부로 일상을 빼곡하게 채우다 보니, 일을 위해 시작한 공부는 어느새 삶을 위한 공부로 이어지고 있음을 새삼 경험한다.

나는 일을 하는 자세가 결코 일에만 머물러 있다고 생각하

시작의 글

지 않는다. 내 일을 끝까지 마무리하겠다는 책임감, 일과 관계된 모든 사람에게 도움이 되기 위해 최선을 다하는 성실함, 힘든 순간에도 포기하지 않는 의지와 끈기, 최선을 다했으나 초라한 결과가 나왔을 때에도 감사히 받아들이는 겸허함까지, 일하면서 경험한 희로애락은 고스란히 내가 삶을 살아가는 태도로 연결되어 나를 성장하고 성숙하게 만들었다. 그래서 진심으로 일에 매진했을 때 일은 곧 인격이 됨을 매 순간 실감하며 살아가고 있다.

사실 책을 쓰자는 제안을 받았을 때 자신감보다는 망설임이 컸다. 나처럼 평범한 사람이 무슨 책을 쓰지? 동시통역의 기법에 대해서라면 교과서를 쓸 수도 있겠지만, 대중이 흥미를 느낄 만한 이야기는 나에게 없다. 영어를 잘하는 방법도 꾸준히 피나게 노력하라는 말밖에는 해줄 게 없다.

하지만 내 일과 그것을 가능하게 한 공부에 대해서라면 할 말이 꽤 있다. 일이 개인의 삶에서 얼마나 소중한 역할을 하는지, 일을 통해 자신의 한계를 깨고 성취하는 경험이 얼마나 짜릿한지, 일을 더 잘하기 위해 스스로를 어떻게 관리해야 하는지, 그런 얘기라면 할 수 있겠다는, 아니 꽤 잘 할 수 있겠다는 생각이 들었다.

나는 이 책이 국제회의 통역사라는 직업에 국한해 읽히지 않길 바란다. 어떤 직업이든 상관없다. 그 일을 사랑하고 누구보다 잘해내고 싶은 사람들을 위해 이 책을 썼다. 언제나 그래왔듯이 책을 쓰는 데에도 최선을 다했다. 많은 사람이 읽고 그 노력을 알아준다면, 나는 통역에서 느낀 것과는 또 다른 충만감으로 행복해질 것이다.

2023년 봄, 임종령

차례

베테랑의 공부

세상의
입과 귀가 되어라

8가지 통역의 세계

마이크를 차고 발화자의 음성에 집중하는
그 고요한 순간을 사랑한다. 시간과 공간
감각이 사라지면서 언어와 내가 일체가
되는 그 집중의 순간도 사랑한다.

동시통역 부스booth는 회의장 제일 뒤편, 눈에 띄지 않는 구석에 마련된다. 보통은 방음 처리를 한 패널을 알루미늄 틀에 연결시켜 상자 모양의 공간을 만든다. 내부는 협소하다. 가로 1.8미터, 세로 2미터 크기로 2인이 겨우 들어가는 작은 공간이다. 책상에는 음향장비와 노트북이 놓여 있고, 정면은 어둡게 틴트 처리된 유리창이 있다. 통역사들은 그 창을 통해 행사장에서 일어나는 모든 일들을 체크한다. 사회자의 멘트, 연사의 표정, PPT 슬라이드의 넘김, 청중의 반응 등등, 현장에서 일어나고 있는 모든 일을 관찰한다. 동시에 입으로는 분주하게 통역을 한다. 머리는 바짝 긴장해 있고 귀는 쫑긋 곤두서 있다. 단 0.1초의 느슨함도 허락되지 않는 공간. 오직 언어와 감각에 초집중해야 하는 공간. 이곳이 바로 나의 홈 스위트 홈home sweet home이다.

경력이 오래된 사람은 다들 공감할 것이다. 동시통역사에게 통역부스만큼 편안한 곳이 없다는 것을. 부스 밖은 행사에 참여하는 귀빈들, VIP들이 정장을 차려입고 명함을 나누며 격식과 예의를 갖춰 행동한다. 하지만 부스 안쪽에 있는 우리들은 그들의 시선에서 벗어나 편안한 자세로 앉아 있다. 통역할 때는 온 감각을 귀에 집중하며 긴장해야 하지만, 그 밖의 시간에는 잠시 풀어지는 여유가 주어진다. 그날 써먹어야 할 새로운 단어들을 커닝 페이퍼로 만들어 부스 유리창에 붙이기도 하고, 오랜만에 만난 통역 파트너와 수다도 떨고, 아침에 못다 한 화장을 마저 하거나 고데기를 가져와 머리를 마는 통역사도 있다.

특히 내가 통역부스 안에서 제일 잘하는 건 쪽잠 자기다. 동시통역은 한 언어를 2인 1조로 맡는 것이 원칙이다. 행사 진행에 맞춰서 20~30분씩 교대로 통역한다. 보통은 파트너가 통역할 때에도 숫자를 적어주거나 필요할 때 도움을 줘야 하기 때문에 쉬지 못한다. 하지만 가끔 주제가 쉽거나, 혹은 파트너의 실력이 워낙 뛰어나서 마음을 놓을 수 있다면, 나는 부족한 수면을 채우기 위해 책상에 머리를 파묻고 잠을 잔다. 그렇게 5~10분 청하는 쪽잠이 얼마나 달콤한지 모른다.

우리는 밥도 부스 안에서 먹는다. 통역사들이 좁은 부스 안에서 쪼그려 앉아 밥을 먹고 있으면 행사를 진행하는 기획사나 고객사가 들여다보고 안쓰러워한다. 밖으로 나와서 테이블에서 편안하게 먹으라고 권하는 분들도 많다. 그러나 솔직히 말하면 부스 안에서 먹는 게 훨씬 편하다. 그곳이 우리의 홈 스위트 홈이니까.

◇ ◇ ◇

국제회의 동시통역사들은 그 작고 어두운 부스 안에 들어갈 자격을 갖추기 위해 엄청난 고통과 시련의 시간을 겪는다. 통번역대학원을 다니는 2~3년의 기간 동안에는 인간이 가진 모든 욕구를 포기해야 한다. 쉴 수도 없고 잠을 푹 잘 수도 없고 여행은 꿈도 꿀 수 없다. 친구를 못 만나는 것은 물론, 지인 행사, 가족 행사에 가는 것도 거의 할 수 없으며, 연애나 결혼은 다른 세상 얘기다. 오직 공부, 공부, 공부만으로 가득 찬 나날로 2~3년을 꽉 채워야 한다.

그렇게 힘들게 들어간 동시통역 부스이기에, 우리는 그곳을 사랑하며 자랑스럽게 여긴다. 마이크를 차고 발화자의 음성에 집중하는 그 고요한 순간을 사랑한다. 시간과 공간 감각이 사라지면서 언어와 내가 일체가 되는 그 집중의 순간도 사랑한다.

결혼하고 얼마 되지 않았을 때 남편이 속한 성형학회 행사에서 통역을 맡았다. 남편에게 내가 일하는 모습을 보여줄 절호의 기회였다. 나는 남편을 통역부스 안으로 초대해 자랑스럽게 보여줬다.

"여기가 바로 통역부스야. 내가 매일 일하는 공간."

그러자 남편이 말했다.

"공중전화 박스보다 조금 크네. 이런 좁은 곳에서 매일 일하는 거야? 너무 안됐다."

내가 자랑스럽게 생각하는 공간을 애처롭게 바라보는 남편 때문에 당황스러웠다.

나의 후배 역시 비슷한 경험을 했다고 한다. 지방 출장 통역을 갔을 때 아이들을 데리고 갔단다. 밤에 도착해 회의장에 설치된 통역부스를 의기양양하게 보여줬지만, 아이들의 반응은 솔직했다.

"아니, 이렇게 화장실처럼 작은 곳에서 엄마가 매일 일해? 답답하겠다."

◆ ◆ ◆

통역부스가 대중에게 처음 등장한 것은 1945년 뉘른베르크 전범 재판 때였다고 한다. 더 정확히 말하면 동시통역이라는 걸 처음으로 도입한 것이 뉘른베르크 재판이다.

뉘른베르크 재판은 영어, 프랑스어, 독일어, 러시아어 등 총 4개 국어를 공식어로 채택했다. 이것을 순차통역으로 진행했다가는 재판의 속도가 늘어질 것이 불 보듯 뻔했다. 순차통역이란, '컨세큐티브 인터프리테이션'consecutive interpretation, 즉 화자가 말을 하고 멈추면 통역사가 이어서 옮겨주는 방식으로 시간이 배로 걸린다. 뉘른베르크 재판은 4개 국어가 공식어라서 누군가가 한 번 말을 하면 그것을 나머지 3개 언어로 통역해야 하니 네 배의 시간이 걸린다. 이것을 해결하기 위해 생각해낸 것이 발화자가 말하는 것과 동시에 다른 언어로 옮겨주는 동시통역, 즉 '사이멀태니어스 인터프리테이션'simultaneous interpretation 이었다.

동시통역이 가능하려면 두 가지 조건이 필요하다. 하나는 발화자가 말하는 것과 거의 동시에 다른 언어로 옮길 수 있는 통역사가 있어야 한다. 다른 하나는 발화자의 음성을 통역사에게, 통역사의 음성을 청중에게, 언어별로 전달하는 다중 채널 송수신 장비가 있어야 한다. 당시로서는 두 가지 다 쉬운 일이 아니었다.

　재판을 진행한 연합국 측은 재판 시작 수개월 전부터 미국과 유럽 전역을 뒤져 통역사를 수소문했다. 공식어가 네 개이고, 이것을 또 각 공식어로 통역해야 하니 많은 인원이 필요했다. 즉, 영어 부스 안에 프랑스어를 영어로 통역할 사람, 독어를 영어로 통역할 사람, 러시아어를 영어로 통역할 사람 등 세 명의 통역사가 필요하고, 프랑스어 부스에 또 마찬가지로 영어-프랑스어, 독어-프랑스어, 러시아어-프랑스어를 담당할 세 명의 통역사가 필요하다. 이렇게 총 네 개 부스에 세 명씩, 기본 열두 명의 통역사가 필요하고 교대할 통역사까지 갖춰야 하니 수십 명의 인원을 찾아야 했다. 연합국 측은 미국, 영국, 독일, 프랑스, 러시아는 물론 오스트리아, 벨기에 등을 샅샅이 뒤졌다. 700명에 이르는 후보 중에서 최종 합격한 인원은 36명. 이들 중에는 전쟁 기간에 군에서 순차통역을 한 사람이 가장 많았고 언어학자도 있었고 전문 번역가도 있었다. 하지만 의외로 별다른 언어 교육 없이 어릴 적부터 여러 지역을 옮겨 다니면서 여러 언어에 노출된 평범한 사람도 많았다고 한다.

　동시통역사를 찾았으니 이제 동시통역이 가능한 시스템을 갖춰야 했다. 뉘른베르크 재판에 처음으로 등장한 동시통역 부스는 오늘날 흔히 사용하는 폐쇄된 상자형의 부스가 아니었다.

책상 위에 약 1미터 높이의 유리 칸막이를 설치한 형태로, 방음이 전혀 안 되기 때문에 재판장의 소음이 고스란히 들렸을 것이다.

음향 시스템은 IBM이 무료로 제공했다. 사실 IBM은 이미 1920년대에 한 사업가가 개발한 동시통역 기술을 사들여 특허를 확보하고 있었다. IBM은 이 국제 군사재판을 위해 음향 시스템 일체와 200여 개의 헤드폰과 케이블을 제공하고 장비를 설치하고 관리할 기술 인력도 뉘른베르크로 파견했다. 부족한 헤드폰은 스위스 측이 제공해 600세트를 채울 수 있었다. 재판장에 앉아 있는 모든 사람은 헤드셋의 다이얼을 돌려 채널을 선택해 필요한 언어를 들을 수 있었다. 1번은 통역이 없는 오리지널 채널, 2번은 영어, 3번은 러시아어, 4번은 프랑스어, 5번은 독일어 채널이었다. 피고나 증인이 나와서 독일어로 말하면 독일어 부스는 조용해진다. 반면에 영어 부스와 프랑스어 부스, 러시아어 부스의 독일어 담당 통역사들은 재빨리 자신이 맡은 언어로 재판 내용을 통역한다. 통역사의 목소리는 마이크로폰을 타고 채널에 맞춰 들어가 청중의 헤드셋으로 전달된다.

◆ ◆ ◆

뉘른베르크 재판에서 이 광경은 재판 자체 못지않은 화젯

_8가지 통역의 세계

숲이 우거진 비탈길(1884), 폴 고갱

거리였다. 들리는 언어가 순식간에 다른 언어로 바뀌어서 귀로 전달되는 광경. 피고와 증인은 물론 수백 명의 청중이 헤드셋을 쓰고 통역사들의 목소리에 귀를 기울이는 모습. 당시로서는 어마어마한 혁신적 기술이었다. 물론 처음 시도되는 이러한 방식의 통역이 완벽할 리는 없었다. 일부 전범들은 통역이 엉망이라서 자신을 충분히 변호할 수 없다며 감형을 요구했다. 심지어 재판 중 헤드셋을 벗어버리는 식으로 항의하기도 했다. 하지만 그럼에도 불구하고 동시통역 덕분에 재판은 지체 없이 순조롭게 진행됐다. 가끔은 네 개의 다른 언어가 사용되고 있다는 사실을 의식하지 못할 정도로 자연스럽기까지 했다.

기록에 의하면 당시 통역사들은 각 언어마다 3인 1조로 총 3개 팀을 이루어 85분씩 교대하며 통역을 했다고 한다. 오늘날의 통역사들은 20~30분씩 교대해도 기진맥진하는데 85분을 내리 통역했다니 상상도 못 할 일이다. 하루에 두 팀이 교대를 하고 나머지 한 팀은 쉬었다고 하니 이틀을 일하고 하루를 쉬었던 셈이다. 재판이 1945년 11월부터 1946년 10월까지 거의 1년간 지속됐으니 통역사들의 피로와 스트레스가 어마어마했을 것이다. 중간에 피로를 견디다 못해 몸져눕는 통역사가 있으면 다른 통역사가 휴일을 반납하고 그 자리를 대신했다고 한다. 이런 식으로 이들은 1년여의 대장정을 성실히 해냈다. 36인

_8가지 통역의 세계

의 동시통역사가 없었다면 뉘른베르크 재판은 불가능했을 것이라고 역사는 말한다.

이후로 동시통역은 세계 역사에서 빼놓을 수 없는 요소가 됐다. UN총회에서, 북대서양조약기구NATO나 아시아태평양경제협력체APEC, G20 등의 정상회의에서, 각종 국제회의에서, 동시통역이 기본으로 제공된다. 그렇게 제공된 통역은 회의의 원활한 진행을 돕고 국가 간의 소통을 돕고 세계의 어젠다agenda를 만들고 풀어낸다. 그리고 그 내용이 각 나라의 언론에 의해 거의 실시간으로 대중에게 전달된다. 이런 어마어마한 일이 일어나는 곳이 이 작고 초라한 통역부스 안이라는 사실을 많은 사람들은 알지 못할 것이다.

과거에 비해 부스의 환경은 매우 좋다. 천장이 있어 아늑하고 방음이 잘돼서 문만 닫으면 우리만의 공간이 된다. 장비도 디지털 첨단 장비라 잡음 없이 목소리가 깨끗이 들어온다.

가끔 순차통역이나 수행통역 일에 밀려 동시통역을 못 나갈 때에는 통역부스 안의 그 아늑함이 그리워진다. 특히 코로나19 발발 후 국제회의가 없었던 몇 년 동안 이 공간을 얼마나 그리워했는지 모른다. 비록 닭장처럼 좁은 통역부스이지만, 나에겐 너무나 편하고 매일매일 가고 싶은 홈 스위트 홈이다.

매일 역사의 현장으로
출근합니다

"지금 김정은 위원장이 군사분계선을 향해 걸어오고 있습니다. 기다리던 문재인 대통령이 악수를 청합니다. 두 정상이 드디어 만나 군사분계선을 사이에 두고 악수를 하고 있습니다."

우와! 환호와 박수소리가 터져 나왔다. 외신기자들이 흥분해 자리를 박차고 일어났다. 그들은 '오, 마이 고쉬'Oh, my gosh!, '인크레더블!'Incredible!, '언빌리버블!'Unbelievable!을 외치고, 두 팔을 높이 흔들고, 환호하고 눈물까지 흘렸다. 덩달아 현장중계를 동시통역하는 내 목소리도 떨리기 시작했다.

_8가지 통역의 세계

"지금 김정은 위원장이 군사분계선을 넘어 남쪽 땅을 밟았습니다!"

"김정은 위원장의 권유로 지금 두 정상이 손을 잡고 나란히 북쪽 땅으로 넘어갔습니다!"

"문재인 대통령과 김정은 위원장이 지금 전통 의장대의 사열을 받으며 판문점으로 이동하고 있습니다. 북한 지도자 사상 처음으로 김 위원장이 우리 군국 의장대의 사열을 받고 있습니다!"

일산 킨텍스 전시장이 흥분의 도가니가 됐다. 당시 나는 킨텍스에 모인 외신기자들을 위해 통역부스 안에서 남북정상회담 생중계 내용을 동시통역하는 역할을 맡고 있었다. 헤드셋을 쓰고 내 목소리에 귀를 기울이는 외신기자들. 내가 한 마디 한 마디 할 때마다 울고 웃고 박수를 치며 좋아하는 그들을 보며, 나는 벅찬 감동에 휩싸였다. 무엇보다 내가 이 역사의 일부분이라는 것이 벅찼고, 외신기자들이 우리의 일을 마치 자신의 일처럼 기뻐해주는 모습에 뭉클했다. 남북이 만나기를 전 세계가 기다려왔다는 느낌, 우리의 평화를 세계가 응원하고 있다는 느낌을 이렇게 생생하게 느낄 수 있는 기회가 또다시 올 수 있을까?

◆ ◇ ◆

남북정상회담 프레스 생중계 통역은 벌써 몇 년이 흐른 2018년의 일이지만, 지금도 생각하면 코끝이 찡해질 정도로 감상에 빠진다. 이날의 통역은 두 정상의 만남부터 저녁 만찬까지 쉼 없이 이어졌다. 중간에 어려운 북한식 표현이 몇 번 나와서 당황했지만 함께 통역한 후배 파트너가 북한정치학 전공이어서 순조롭게 넘어갈 수 있었다. 평소 같으면 체력이 바닥날 정도로 지칠 시간인데 이상하게도 계속 힘이 솟았다. 통역을 한다는 느낌보다는 내가 느끼는 감동을 다른 사람과 나누는 기분이었다.

내가 통역 일을 사랑할 수밖에 없는 이유가 여기에 있는 것 같다. 세계사에 남을 역사적 순간, 가슴이 떨리는 순간을 함께하는 현장감. APEC 정상회의, G20 정상회의, UN총회 현장에서 세계를 움직이는 리더들의 말을 헤드셋을 통해, 혹은 바로 옆에서 호흡까지 선명하게 들릴 정도로 가까이서 듣고, 그들이 서로 대화할 수 있도록 돕는 특별함.

특히 우리나라가 중심이 되는 이벤트일 때에는 가슴에서 뜨거운 뭔가가 끓어오른다. 비록 통역일 뿐이지만, 내가 속한 나라를 위해 무언가 하고 있다는 기쁨은 그 무엇과도 다른 감정을 안겨준다.

2017년 트럼프 대통령이 국빈으로 방한했을 때 나는 한미

정상 공동 기자회견에서 문재인 대통령의 모두 발언 및 한국어 발언을 동시통역했고, 저녁 만찬장에서는 영어로 사회를 보았다. 그날 역시 너무나 많은 감동의 순간이 있었다.

우선 공동 기자회견에서 두 정상이 한미동맹의 굳건함을 확인하는 발언을 했을 때 내 마음이 뭉클해졌다. 먼저 문재인 대통령이 모두발언에서 "아름다운 가을 정취 속에서 한미 양국과 우리 둘의 우정이 더욱 깊어지길 바랍니다"라고 말했고, 이어서 트럼프 대통령이 "대한민국은 미국에게 단순한 오랜 동맹국 그 이상입니다. 우리는 전쟁에서 나란히 싸웠고, 평화 속에서 함께 번영한 파트너이자 친구입니다"라고 화답했다.

저녁 만찬에서도 양국의 우정을 확인하는 따뜻한 말들이 오갔다. 문재인 대통령이 먼저 "한미동맹을 더욱 위대한 동맹으로 만들기 위한 여정에 항상 함께할 것을 약속합니다"라고 말했고, 이에 트럼프 대통령은 "문재인 대통령의 꿈이 이루어지는 것을 한국인들이 곧 보게 될 것입니다"라고 말했다. 한반도 평화 프로세스에 대한 문 대통령의 구상에 힘을 실어주는 발언이었다.

만찬에 이어 공연까지, 총 150분간 진행된 국빈만찬이 끝나고, 갑자기 트럼프 대통령이 나를 향해 성큼성큼 걸어왔다.

"유 워 그레이트!"You were great!

특유의 엄지척을 하면서 트럼프 대통령이 나에게 "대단했어요!"라고 말하는 것이었다. 아마도 공동 기자회견 때 헤드셋으로 들었던 동시통역사의 목소리와 만찬장 사회자의 목소리가 동일인이라는 것을 아셨던 것 같다. 통역을 그렇게 많이 했지만 이렇게 귀빈으로부터 직접 잘했다는 칭찬을 듣는 것은 드문 일이라 너무나 감사했다.

◇ ◇ ◇

주변에서 동시통역사라는 직업에 만족하느냐라는 질문을 받을 때마다 나는 500퍼센트 만족한다고 대답한다. 왜 만족하냐고 물으면 이렇게 대답한다.

"날마다 역사의 현장으로 출근하는 설렘 때문이에요. 30년을 했지만 아직도 설렌답니다."

직업이란, 일이란 생계를 가능하게 한다는 점만으로도 이미 신성하다. 하지만 그것에 의미가 추가되고 행복과 설렘까지 느낄 수 있다면 더할 나위 없을 것이다. 하루 중 가장 뿌듯한 나만의 시간은 힘들지만 설레는 일을 폭풍처럼 해내고, 지친 몸을 이끌고, 마치 전장에서 승리한 기분으로 집으로 돌아오는 그 순간이 아닐까. 한 줄 한 줄 내 이력서에 이런 역사의 현장이 쌓일 때마다 기쁨과 보람도 차곡차곡 쌓인다.

타인의 입과 귀가
된다는 것의 의미

통역의 역사를 파고들면 고대까지 거슬러 올라간다. B.C. 3000년경에 만들어진 이집트 벽화에 통역사를 뜻하는 상형문자가 있다고 하니, 인류가 언어를 사용한 시기와 거의 동시에 통역도 탄생했다고 봐야 한다.

통역을 뜻한다는 상형문자는 사람이 무릎을 접고 앉아서 한 손을 입에 대고 있는 형상이다. 그런데 이 상형문자는 통역만 뜻하는 것이 아니라고 한다. '말하다'speak, '이야기하다'tell, '느끼다'feel, '생각하다'think, '사랑하다'love에까지 두루 사용된다고 한다. 고대인들에겐 통역이 말하는 사람의 모든 생각과 감정을 전달하는 행위였기에 이런 문자를 사용한 것이 아닐까 생각했다.

30년간 국제회의 통역사로 일하면서 통역을 하면 할수록 어렵다고 느끼는 것도 바로 이 지점이다. 다른 사람의 입이 되고 귀가 되는 일은 그 사람의 생각과 감정, 의도를 살펴야 하는 일이다. 뉘앙스가 바뀌지 않도록 그대로 전달하고 오해가 없도록 정확한 단어를 사용해야 한다. 단, 말하는 사람의 뉘앙스가 언제나 정확한 것도 아니고, 의도적으로 모호한 경우도 있다. 모호한 뉘앙스를 그대로 살려서 전달하면 받아들이는 사람에 의해 해석이 달라지기도 한다.

◆ ◆ ◆

2018년 싱가포르에서 열린 한·아세안ASEAN 정상회의를 동시통역했을 때의 일이다. 먼저 문재인 대통령이 "내년이 한·아세안 관계수립 30주년이 되는 해이니 한국에서 한·아세안 특별정상회의를 개최하자"고 제안했다. 이에 10명의 아세안 국가 정상들이 차례로 문 대통령의 제안을 환영하며 지지와 참여 의사를 표했다. 그 와중에 조코 위도도 인도네시아 대통령이 이런 발언을 했다.

"한국에서 열릴 한·아세안 특별정상회의에 김정은 북한 국무위원장이 온다면 나쁘지 않은 아이디어다."

_8가지 통역의 세계

당시에 위도도 대통령이 인도네시아어로 발언하는 것을 인도네시아-영어 동시통역 부스에서 영어로 통역하고, 동시에 그 통역을 내가 듣고 한국어로 통역하는 릴레이 통역 방식으로 진행됐다. 내가 들은 영어는 "If he comes, it is not a bad idea"였다. "온다면, 나쁘지 않은 아이디어"라고 말한 것이라서 나도 그대로 통역한 것이다. 그런데 그 말을 들은 문재인 대통령이 곧바로 답변을 했다.

"김정은 위원장을 초청하자는 것은 정말 주목되는 제안입니다. 적극 검토하겠습니다."

내 심장 박동이 열 배로 빨라졌다. 인도네시아 대통령이 정말 북한 지도자를 '초청하자'invite는 뜻으로 한 말일까? '온다면, 나쁘지 않은 아이디어'는 초청하자는 의미일 수도 있지만 아닐 수도 있다. 남은 회의를 통역하면서 계속 걱정이 됐다.

정상회의는 주요 내용이 있으면 청와대 대변인이 거의 실시간으로 언론 브리핑을 한다. 신문에 "조코 위도도 인도네시아 대통령, 김정은 초청 제안!"이라고 보도되는 모습이 눈에 선명하게 보였다. 모든 매체에 대서특필됐는데, 곧바로 인도네시아 대통령이 "나는 그런 제안을 한 적이 없다"고 부인한다면, 최악의 사태가 벌어지는 것이다. 잠시 쉬는 시간이 됐을 때 나는 허겁지겁 인도네시아-영어 통역부스를 찾아가 물었다.

블루 마운틴(1912), 크리스티안 롤프스

"인도네시아 대통령님이 초청의 의미로 말씀하신 것이 맞나요?"

그러자 통역사가 "예, 맞습니다. 초청의 뜻이었습니다"라고 확인해줬다. 그제야 안도의 숨을 쉴 수 있었다.

나중에 알고 보니 인도네시아는 북한과 상당히 친밀한 관계를 쌓아놓고 있었다. 그해 인도네시아는 아시안게임을 치렀는데 개막식에 김정은 위원장을 초청하려고 평양에 특사를 파견했었고, 트럼프와 김정은의 싱가포르 1차 북미회담 직후에는 차기 북미회담이 성사된다면 인도네시아에서 기꺼이 개최하겠다고 제안하기도 했다. 문 대통령이 내 통역을 듣자마자 '초청'이라고 받아들인 이유도 이런 맥락이 있었기 때문일 것이다. 배경지식을 더 꼼꼼히 공부했더라면 더 확신을 가지고 통역할 수 있었을 텐데…. 다시 한번 통역의 어려움을 실감했다.

◇ ◇ ◇

누군가의 귀가 되고 입이 된다는 것은 이처럼 조심스럽고 예민한 일이다. 단어와 문장만 오가는 것이 아니라 미묘한 뉘앙스, 눈빛, 표정 등이 함께 오가고 각자의 생각과 감정에 따라 다르게 받아들여지기 때문이다. 같은 언어로 대화를 나눠도 오해가 발생하는데 하물며 통역은 오죽할까.

1장 세상의 입과 귀가 되어라

비슷한 일을 하는 사람이 통역사 말고도 또 있다. 바로 수화 통역사들이다. 국제회의를 하면서 종종 수화 통역사들을 보게 되는데 상당히 고된 일이라 느꼈다. 수화 통역사들은 연사와 함께 무대에 올라가서 연사의 말을 온몸으로 동시통역한다. 이때 무대 아래에는 반드시 통역 파트너가 자리를 지키고 있다. 수화 통역사가 연사의 말을 귀로 듣고 수화로 옮길 때 통역 파트너가 무대 아래에서 연사의 뉘앙스, 표정, 세부사항 등을 전달해 통역의 정확성을 높이려는 노력의 일환이다.

수화의 특성상 통역사는 반드시 청중이 앉아 있는 정면을 바라봐야 한다. 이때 정면을 보는 통역사가 연사의 표정을 볼 수 없기 때문에 반드시 파트너의 도움을 받아야 한다. 최근 국제회의에서는 영어로 말하는 연사 옆에 프랑스어나 독일어 수화 통역사가 올라가고 그 아래에 또 다른 파트너가 통역을 돕는 모습을 심심찮게 볼 수 있다. 단순히 한 언어를 수화로 옮기는 것이 아니라, 다른 언어로 바꿔서 수화로 통역하는 시대가 된 것이다.

◇ ◇ ◇

통역의 정확성이 얼마나 중요한지를 얘기할 때 흔히 언급되는 사례가 있다. 1945년 일본 스즈키 간타로 수상의 발언이 잘못 통역된 사건이다. 당시 연합국은 포츠담 회담을 열어 일본에게 무조건 항복을 요구하는 포츠담 선언을 발표했다. 이에 대해 묻는 기자에게 일본 수상이 "모쿠사츠"라고 짧게 대답한 것이 발단이었다.

'모쿠사츠'는 한자로 묵살黙殺을 의미한다. 우리처럼 듣고도 못 들은 척 무시한다는 뜻도 있지만, '위드홀드 코멘트'withhold comment, 즉 '아직은 언급할 수 없다', '생각 중이다'라는 뜻도 있다. 일본의 언론들은 '생각 중이다'의 뜻으로 기사를 썼지만 외신들은 이것을 '무시하다'로 번역해 보도했다. 이 보도가 해리 트루먼 대통령의 심기를 건드려 히로시마와 나가사키에 원자폭탄을 투하하는 데 영향을 줬다는 주장이 있다.

통역에는 이런 가공할 힘도 숨어 있다. 내가 전달하는 한 마디 한 마디가 국가 간의 관계, 세계 정세에 영향을 줄 수 있다. 최대한 올바로 듣고 올바로 옮기는 귀와 입이 되기 위해 긴장하고 노력해야 하는 이유다.

일에 갇혀 몰두하다 보면 자신이 하는 일이 작고 보잘것없게 느껴질 수 있다. 하지만 한 발 떨어져 큰 그림을 보면 생각보다 큰 영향력을 발견하고 놀라게 된다. 하루하루 내가 하는 일들이 작은 변화를 만들고 그것이 차곡차곡 쌓여 세상을 바꾼다. 이런 마음으로 일을 대하면 어느 하나 소홀히 할 수 없다.

세상이 나를 밀고 가는 것이 아니라 내가 세상을 끌고 가는 것이기 때문이다.

그림자라도
충분히 행복합니다

"통역이 있는지도 몰랐어요."

통역사가 받는 최고의 칭찬이다. 나도 이런 칭찬을 여러 번 받았고 그때마다 기분이 좋았다. 나의 존재를 느끼지 못했다는 것은 그만큼 통역이 편안하고 자연스러웠다는 것이니 이보다 더 좋은 칭찬이 없다!

동시통역과 달리 수행통역은 통역 이외의 것들이 중요하다. 말투, 걸음걸이, 옷차림, 표정 등 태도에서 걸리는 것이 없어야 한다. 국가 정상, 왕족, 장관, 세계적 기업의 CEO를 수행하려면 그에 걸맞은 품격을 갖춰야 한다.

가장 중요한 것은 철저히 그림자가 되는 것이다. 나는 존재하지만 보이지 않아야 한다. 수행 대상에 밀착해 그의 귀와 입이 돼야 하지만, 눈에 띄어서도 안 되고 주목을 받아서도 안 되고 되도록 사진에 찍혀서도 안 된다. 그림자, 아니, 유령이 돼야 한다. 통역사들 세계에서는 이것을 '인비저블'invisible(보이지 않는)해야 한다, 즉 투명인간이 돼야 한다고 표현한다.

◇ ◇ ◇

1999년 영국 엘리자베스 2세 여왕 부부가 방한했을 때 영국 대사관의 요청으로 여왕의 수행통역을 맡았다. 그 이전에도 체코 대통령, 스웨덴 수상, 캐나다 총리 등 VIP의 수행통역을 한 적이 있지만 영국 여왕의 수행통역은 무게감이 더 컸다.

1883년 한국과 영국이 수교한 이래 영국 국가원수로서 첫 방한일 뿐만 아니라, 방한 중에 여왕의 73세 생일이 예정돼 있었다. 여왕이 보통 사람들과의 친근한 만남을 많이 갖고 싶다고 하여 3박 4일 동안 매우 다이내믹한 일정이 짜여 있었다. 수많은 군중과 기자들과 경호원 사이에서 눈에 띄지 않게, 그러나 소통에 지장이 없도록 통역을 해야 하니 동선이 걱정됐다.

대사관 측에서도 이 점을 가장 걱정했던 것 같다. 여왕이 언제 어디서건 품위를 잃지 않은 우아한 모습을 보여주려면 근

_8가지 통역의 세계

접에서 수행하는 사람들이 질서 있게 움직여야 하고 로열 패밀리급의 예의범절을 갖춰야 한다. 그래서 영국왕실 의전팀이 선발대로 여왕의 방문 일주일 전에 한국에 와서 직접 교육을 해줬다.

특히 나는 여왕의 수행통역이기에 더욱 세밀한 교육을 받았다. 여왕을 부를 때 '유어 매저스티'Your Majesty라는 호칭을 사용해야 하고, 인사를 할 때 한 발을 뒤로 빼고 무릎을 굽히는 '커시'curtsy 인사법을 배웠다. 또 여왕을 수행할 때 절대로 여왕 앞에 서지 말고, 나란히 걷지도 말고, 항상 여왕보다 한 걸음 뒤에 떨어져서 걷되 뒷모습을 보이지 말라는 주의사항도 들었다. 여왕이 왼쪽 팔에 핸드백을 들기 때문에 실수로라도 핸드백을 건드리지 않으려면 오른쪽 약간 뒤에 서는 것이 가장 좋다는 말도 들었다.

이 밖에도 눈에 띄지 않는 옷을 입어야 하고 여왕보다 커보이지 않도록 납작한 신발을 신어달라는 요청이 있었다. 여왕의 생일 잔치가 안동 하회마을에서 열리기 때문에 급히 안동에 내려가 여왕의 대역과 함께 리허설까지 했다.

나중에 알고 보니 대사관 측에서 나를 통역사로 선택한 이유도 통역 이외의 이유가 컸다. 영어가 가장 중요했다면 아마도 내가 아니라 영국 상류층이 구사하는 '포시'Posh 영어에 익숙한 사람을 선택했을 것이다. 영어보다도 조용한 태도, 여왕보다 크지 않은 몸집, 그리고 미국 대사관에서 근무하면서 미국 대통령을 포함해 여러 고위급 관료들을 수행한 경력 등에서 합격점을 받은 것이다.

이런 세세한 준비 덕분에 여왕이 머무른 3박 4일 동안 무리 없이 일정을 소화할 수 있었다. 여왕의 수행통역을 잘해낸 것을 인정받아 이후 왕족 수행통역을 많이 할 수 있었다. 룩셈부르크 헨리 왕세자, 벨기에 필립 왕세자, 요르단 압둘라 국왕, 덴마크 왕세자 등을 수행했다.

◇ ◇ ◇

그림자로 사는 것이 때때로 서운하지 않느냐고 묻는 사람들이 있다. 똑같이 무대에 올라가지만 화려한 조명과 스포트라이트를 받는 것은 그들이고 나는 항상 어두운 구석에 서 있으니 안쓰럽게 보는 것 같다. 영어를 잘해서 TV에도 나오고 흔히 말하는 '셀럽'celeb이 되는 사람도 많은데, 통역사는 알아주는 이가 없으니 어찌 보면 초라해 보일 수 있다.

하지만 나는 단연코 단 한 번도 그렇게 생각한 적이 없다. 화려한 스포트라이트를 원했다면 애초에 이 직업을 선택하지 않았을 것이다. 이 일을 사랑하기에 나는 그림자로 사는 것이 정말 좋다.

또한 그림자라고 초라한 것만은 아니다. 대중에게 박수를 받고 널리 알려지는 것은 아니지만, 행사를 성공적으로 치러내고, 주최 측, 함께 일한 스태프들, 관계자들이 통역 덕분에 의사소통이 잘됐다고 고마워하고 인정해주는 것만으로도 충분한 보람이 있기 때문이다.

특히 내가 수행한 VIP가 직접 감사의 인사를 건네 올 때가 가장 감개무량하다. 여왕이 그랬다. 3박 4일의 방한 일정을 마치고 여왕 부부와 대사관의 실무진들, 수행원들이 하얏트 호텔에 모여 해후의 시간을 가졌다. 굳이 통역이 필요한 자리가 아니었기에, 나는 멀찍이 떨어져서 벽 근처에 있었다. 그런데 여왕이 내 이름을 부르며 나를 찾았다.

"미셸, 컴 히어."Michelle, come here.

무슨 일인지 놀라 다가가자 여왕이 사진 한 장을 주면서 말했다.

"이번 행사에서 통역사님이 제일 고생이 많았어요. 정말 고마웠어요."

그것은 부군과 함께 찍은 기념사진이었다. 여왕이 직접 내 이름을 적고 친필 사인까지 한 것이었다.

세상에는 스포트라이트를 받는 화려한 직업이 많다. 하지만 그 이상으로 화려한 직업을 서포트하기 위해 그림자로 존재하는 수많은 직업이 있다. 스포트라이트를 받는 것만이 행복은 아니다. 나처럼 조명 밖에서 주어진 일을 성공적으로 해내는 것으로 희열을 느끼는 사람이 세상에는 훨씬 많다. 초라하다고 느낄 필요도 없다. 그림자들이 열심히 도와주지 않으면 모든 화려한 직업들은 존재할 수 없기 때문이다. 그림자로 있을 때 빛이 나는 일이라면 나는 이것으로 충분히 행복하다.

가끔은 반칙할 줄
알아야 한다

통역사에게 요구되는 또 다른 덕목은 '뉴트럴리티'neutrality
다. '뉴트럴리티'는 흔히 '중립'이라는 뜻으로 쓰인다. 통역사에
게 '뉴트럴리티'는 'not being engaged in conversation', 즉
대화에 전혀 개입하지 않는 태도를 뜻한다. 통역은 그저 의미
전달을 도울 뿐, 대화의 전개에 전혀 영향을 주지 않아야 한다.
감정이나 의견, 해석을 첨가하지 않고 들은 그대로, 투명하게
통역하는 것이 원칙이다.

그러려면 반드시 발화자의 시점에서 발화자의 인격으로
말해야 한다. 즉, 발화자가 "I disagree with you"라고 말한다

면 통역사 역시 "저는 당신과 다른 의견이 좀 있습니다"라고 말해야 한다. 절대로 "이분께서 당신과 다른 의견이 좀 있다고 말씀하십니다"라고 말을 전하듯이 통역해서는 안 된다.

특히 조심해야 할 것은 이중부정문이다. 예를 들어 "예외조항이 없는가?"라고 질문을 했을 때 "There is no rule without exception."이라는 답이 돌아온다면, 문장 그대로 "예외 없는 규칙은 없습니다"라고 통역해야 한다. 절대로 부정에 부정은 긍정이라고 스스로 해석해 "예외가 있다"라고 통역해서는 안 된다.

이중부정문 때문에 대형 사고가 터진 적이 있다. 1998년 외환위기가 터지고 신용평가기관의 말 한마디에 주가가 오르락내리락할 때였다. 한 신용평가기관이 서울에서 열린 회의 중에 "한국의 국가신용 상태가 나쁘지만은 않다고 언급할 수도 있다고 생각한다"라고 말했다. 일부러 이렇게도 저렇게도 해석될 수 있도록 빙빙 돌려 말한 것인데, 어찌 된 일인지 다음 날 조간신문 헤드라인은 내용이 달랐다.

'신용평가기관 ○○○, 한국 신용상태 부정적으로 평가'

이 일로 온 나라가 발칵 뒤집혔다. 해당 신용평가기관을 초청해 회의를 주최한 정부기관도 사면초가였다. 통역사는 이중 부정문을 그대로 통역했다고 주장하고, 기자는 나쁘다고 들었 다고 주장했다. 진실은 알 수 없다.

이중부정문은 아니지만 나에게도 비슷한 경험이 있다. 상 당히 민감한 주제에 대한 질의응답이었는데, 기자가 내가 통 역한 내용을 더 확대해 보도한 것이다. 대중이 보도 내용을 그 대로 받아들이면 상당한 논란이 발생할 거라 생각됐다. 다행 히 주최 측에서 행사 내용을 녹음해놓아서 부랴부랴 확인해봤 다. 결과적으로 나의 통역에는 아무 문제가 없었고 주최 측에 서 기자에게 항의해 과대 해석된 기사를 내리는 것으로 마무 리됐다.

이처럼 통역사가 '뉴트럴리티'를 지키는 것은 있는 그대로 의 의사소통을 위해서도, 그리고 불필요한 갈등이나 논쟁을 피 하기 위해서도 매우 중요하다. 국제회의에서 통역사로 인해 소 통이 잘못되면 단순 해프닝에 그치지 않는다. 국가 간 분쟁이 될 수도 있고, 엄청난 손해배상을 요구하는 소송이 벌어질 수 도 있다. 때로는 통역사가 책임을 져야 하는 상황이 벌어질 수 도 있다. 그래서 뉴트럴리티는 통역사들의 직업 윤리이자 스스 로를 보호하는 방법이기도 하다.

1장 세상의 입과 귀가 되어라

◆ ◇ ◇

간혹 통역을 하면서 '뉴트럴리티'를 지키지 못할 때가 있다. 상공부 전속 통역사 시절에 통상협상이 정말 많았다. 입사하자마자 반덤핑 제소 사건이 터졌고, 우루과이라운드 협상, 한미통신협상, 한미자동차협상, 한미섬유협상 등이 줄줄이 이어졌다.

1995년 자동차시장 개방 관련 회의를 할 때였다. 미국 측은 수입관세 인하, 특별소비세 세율체계 개편, 할부금융 허용, 형식승인 및 안전검사제도 간소화 등을 요구하고 있었고, 한국은 형식승인 및 검사절차 간소화는 수용할 수 있지만 관세인하, 할부금융 허용은 불가하다고 버티고 있었다. 몇 시간씩 이어지는 릴레이 회의에 다들 지칠 대로 지친 상태였다. 그때 미국 측 대표 한 분이 언성을 높였다.

"계속 이렇게 나온다면 이 회의의 끝은 슈퍼301조밖에 없습니다. 미국을 거스르면 어떤 일이 일어날지 잘 생각해보세요!"

다분히 협박처럼 들리는 발언이었다. 슈퍼301조는 미국종합무역법의 301조 조항으로, 상대국의 불공정한 무역행위로 미국의 무역에 제약이 생길 경우 광범위한 영역에서 보복을 할 수 있도록 허용한다는 조항이다. 단순히 덤핑이나 지적재산권 위반 같은 행위뿐만 아니라 한 나라의 시장 폐쇄성까지 불공정

무역관행으로 범위를 넓힌 조항이다. 심지어 보복조치의 발동 권한이 대통령이 아니라 미국통상대표부에 있는 초월적 조항이라서 '슈퍼301조'로 불렸다. 이 조항에 근거해 미국은 우리나라를 우선협상관심대상관행Watch List Countries으로 지정하고 시장을 개방하라고 압박하고 있었다.

'어떡하지?'

미국 대표의 말을 그대로 옮긴다면 상황이 감정적으로 흘러갈 것이 불 보듯 뻔했다. 이번에는 꼭 돌파구를 만들어서 한미자동차협상을 마무리 지어야 한다는 것이 상공부의 기본 입장이었다. 통역사는 있는 그대로를 전달해야 하는데, 그대로 전달했다가는 협상이 결렬될 수도 있다. 나는 고민하다 이렇게 통역했다.

"이대로라면 슈퍼301조 적용이 불가피합니다. 신중하게 생각해주세요."

뜻은 그대로 전달하되 완곡하게 표현하는 것을 선택했다. 내 통역을 들은 한국 대표단은 기분 나빠하지 않았고, 덕분에 협상은 계속 진행됐다.

❖ ❖ ❖

또 다른 예로, 어느 기업의 통역을 맡았을 때였다. 미국 본사에서 감사를 나와서 임원진과 각 부서의 실무자들을 모아놓고 업무 진행을 체크하는 자리였다. 당시 미국에서 온 감사 담당관이 내가 들어도 너무 지독하다 싶을 정도로 세세하게 따지며 예상 밖의 질문으로 한국 측 사람들을 당황시켰다. 당연히 실무자들은 답변을 잘 못하고 허둥거렸다. 이런 상태가 계속 이어지자, 한국 지사 대표가 회의 중간에 직원들에게 벌컥 화를 냈다.

"다들 왜 이 따위야? 준비도 제대로 안 하고 뭣들 한 거야? 이게 웬 망신이야?"

한국 지사 대표가 역정을 내고 직원들이 고개를 푹 숙이고 있으니, 미국 본사 임원은 어리둥절한 표정으로 나에게 통역을 요청했다.

"무슨 일이죠? 뭐라고 하는 거죠?"

내가 머뭇거리고 통역을 안 했더니 재차 통역을 요구했다. 결국 대략 요약해서 이런 상황이라고 설명할 수밖에 없었다.

그러자 불똥이 나에게 튀었다.

"왜 쓸데없이 통역을 하는 거예요? 통역이 할 말 못 할 말 가릴 줄도 몰라요?"

통역을 할 수도 없고, 안 할 수도 없고…. 그날 통역은 살얼음 위를 걷는 것처럼 아슬아슬했다.

_8가지 통역의 세계

뒤랑스 강둑에서 빨래하는 여인들(1866), 폴 고갱

이런 일을 겪으면서 나는 통역사의 '뉴트럴리티'에 대해 다시 생각해봤다. 과연 들은 대로 옮기는 것이 최선일까? 뜻을 왜곡하지 않고 그대로 전달한다는 면에서는 그러는 것이 맞는다. 하지만 통역사는 누군가에 의해 고용된 사람이다. 그 말은 나를 고용해준 사람의 이익을 위해 애써야 한다는 뜻이다.

예를 들어 내가 상공부 전담통역사로 일할 때는 상공부의 이익을 위해 일했지만, 미국 대사관에서 일할 때는 미국 대사관의 이익을 위해 일했다. 외국 총리나 대통령을 수행통역한다면, 그때는 그분들을 위해 일한다. 누구에게 고용되든 나의 국적이나 종교, 신념, 가치와 상관없이, 나를 고용한 사람의 이익을 위해 최선을 다해야 한다.

◆ ◆ ◆

최근 통역학계에서도 이 문제에 대한 논의가 활발히 이뤄졌다. 통역사를 개입하지 않는 제삼자, 뉴트럴한 존재로 규정하는 것이 현실과 괴리가 있다고 문제를 제기하는 학자들이 있다. 무엇보다 통역사를 고용하는 클라이언트 측이 통역사를 제삼자로 보지 않고 '우리 편'으로 인식한다는 것이다. 통역사가 매끄러운 통역으로 의사소통을 잘 이어주고, 클라이언트의 목적에 부합하게 적절한 말을 전하고, 심지어 분위기를 잘 이끌거나 결과를 성공으로 이끌 아이디어를 내주기를 기대하기도 한다. 그래서 통역사가 '뉴트럴리티'에 너무 얽매이지 않고 상황마다 적절하게 행동하는 '플렉서빌리티'flexibility, 즉 유연성을 갖추는 것이 더 중요하다고 주장한다.

예를 들어 클라이언트가 문화적으로 맞지 않는 농담을 한다거나, 감정을 조절하지 못하고 불쑥 욕을 한다거나, 상대방을 적대적 혹은 방어적으로 만들 수 있는 발언을 한다면 뉴트럴리티의 원칙에 따라 그대로 통역하는 것이 옳을까? 아니다. 통역사가 판단해 내용을 바꿀 수 있어야 한다. 이것은 반칙이지만, 클라이언트의 이익을 위해서는 그렇게 해야 한다.

그날 집으로 돌아와서 곰곰이 생각한 후, 나는 앞으로 비슷한 일이 벌어진다면 기꺼이 반칙을 해야겠다는 결론을 내렸다. 한국 지사 대표의 지적이 옳다. 통역사는 할 말 못 할 말 가릴 줄 알아야 한다. 상대 측이 통역을 요구해도 못 들었다며 능청스럽게 통역을 하지 않았어야 한다.

그 후로 나는 필요한 경우 능청을 부렸다. 미국 대사관에서 일하면서 한국 정부와 통상협상을 벌였을 때였다. 미국 대표 한 분이 협상에 진전이 없자 답답했는지 머리를 쥐어뜯는 제스처를 취하며 나지막하게 욕을 했다. 그러자 한국 대표 한 분이 그 욕을 알아듣고는 나에게 곧바로 "통역사님, 통역하셔야죠!"

_ 8가지 통역의 세계

라고 말했다. 나는 "죄송합니다. 혼잣말하신 것 같은데 저는 못 들었습니다"라며 오리발을 내밀었다. 혼잣말로 한 욕을 굳이 통역해 감정이 상하게 할 필요는 없기 때문이다.

1981년 지미 카터 미국 대통령이 일본을 방문했을 때 한 대학에서 강연을 했다. 무대에 올라선 그는 얼음을 깨려는break the ice(분위기를 편안하게 만든다는 뜻) 의도로 농담 한마디를 던졌다. 그러자 일본 학생들은 대통령이 기대한 것보다 더 격렬하게 웃음을 터트렸다. 카터 대통령은 속으로 '내 농담이 그렇게 웃겼나?' 하고 생각한 덕분에 편안한 마음으로 강연을 잘할 수 있었다고 한다. 강연이 끝난 후 그는 통역사에게 물었다.

"통역을 어떻게 했기에 일본 학생들이 그렇게 재밌게 웃었나요?"

통역사는 대답을 피하다가 결국 실토했다.

"대통령님, 사실은 대통령님 농담이 일본 학생들에겐 재미가 없을 것 같아서 제가 이렇게 말했습니다. '지금 카터 대통령이 농담을 했습니다. 모두들 웃으세요.'"

국제회의 통역사라면, 이 정도 배짱은 있어야 하지 않을까?

1장 세상의 입과 귀가 되어라

　　오래전 한국을 공식방문한 외국 VIP의 수행통역을 3일간 맡은 적이 있다. 첫날 인사를 드린 후, 나는 여느 수행통역과 마찬가지로 그분의 뒤에 바짝 붙어서 그림자처럼 따르며 귀에 속삭이듯 통역을 했다. 이러한 통역을 '위스퍼링 통역'whispering interpretation이라고 한다. 말하자면 단 한 사람만을 위한 동시통역이라 할 수 있다. 수행, 만찬, 리셉션, 양자회담 등에서 흔히 사용되는 방식이다.

　　위스퍼링 통역은 보통 VIP의 왼쪽 혹은 오른쪽 중 하나를 선택해 한쪽 귀에 대고 속삭인다. 이때 VIP는 앞에 있는 대화

상대를 바라보기 때문에 통역사를 좀처럼 쳐다볼 일이 없다. 그런데 이상하게도 내가 통역을 할 때마다 VIP가 고개를 돌려 나를 쳐다봤다.

'왜 그러시지? 내 목소리가 작았나?'

통역을 시작하고 몇 분이 지나서야 눈치를 챘다. 나는 오른쪽 뒤에서 통역을 했는데 그분이 오른쪽 귀에 보청기를 끼고 계신 것이었다. 잘 들리지 않으니 내 입술을 읽으려고 뒤를 돌아본 것이다.

나는 얼른 왼쪽 뒤로 자리를 옮겼다. 청각장애자들에게는 큰 소리보다 정확한 발음이 중요하다는 걸 알고 있었기에 가능한 한 말을 천천히, 또박또박 정확한 발음으로 통역했다. 그제야 VIP가 더 이상 나를 향해 고개를 돌리지 않았다.

이후로 그분이 두 차례 더 한국을 방문했는데 항상 나를 통역사로 찾아줬다. 내가 뛰어난 영어를 해서가 아니다. 말하지 않아도 필요한 점을 알아주고 배려해줘서 편해서 찾으신 거라고 생각한다.

◆ ◆ ◆

VIP들에게는 대부분 수행비서가 있다. 보통은 수행비서도 나와 마찬가지로 바로 뒤에서 그림자처럼 따라다닌다. 그런데

회담에 따라, 혹은 만찬이나 리셉션 장소에 따라, 수행원 입장이 불가한 경우가 있다. 이럴 때 나는 내가 수행비서의 역할까지 해야 한다고 생각해 참석자 명단이나 자료, 혹은 연설원고 등을 자청해서 들었다. 또 VIP가 받은 명함도 얼른 건네받아 내 주머니에 넣었다.

절대로 그분들이 내게 먼저 부탁한 것이 아니다. VIP는 계속 악수를 해야 하고 와인잔도 들고 있어야 하고 명함도 주고받아야 한다. 양손이 자유로운 것이 편하고 품위도 있으니 내가 들면 도움이 되겠다고 생각해 그리했을 뿐이다. 그래서 수행통역을 하는 날은 일부러 주머니가 있는 재킷을 입는 것이 습관이 됐다.

수행통역을 할 때 아주 가끔이지만 상대 측의 통역사가 너무 눈치가 없어서 안쓰러울 때가 있다. VIP가 명함을 잔뜩 받아 한 손이 불편한 채로 악수를 하는데도 통역에만 정신이 팔려 있다거나, 긴장해서 땀을 뻘뻘 흘리는데도 슬쩍 손수건을 건네줄 생각을 하지 못한다거나, 혼잣말까지 통역을 해서 VIP를 당황케 하는 경우가 있다. 통역 실력은 좋을지 몰라도, VIP가 그를 다시 찾을지는 미지수다.

나는 가르치는 학생들에게 이런 말을 자주 한다.

"외국어를 잘하는 것은 기본이다. 현장에서 더 중요한 것은 눈치와 순발력, 그리고 클라이언트에 대한 배려다. 클라이언트 가 아무런 불편함이 없도록 하나부터 열까지 살피고, 개선할 수 있는 것은 즉시 개선해야 한다. 그래야 클라이언트가 통역 사가 있다는 것을 잊어버릴 정도로 물 흐르듯이 편안하게 행동 할 수 있다."

◇ ◇ ◇

언젠가 책에서 배려하는 능력도 지능이라는 글을 읽은 적 이 있다. '지능'intelligence라고 하면 주로 'ability to learn and understand', 즉 지식과 정보를 배우고 습득하는 능력으로만 생각하는데, 사람과의 관계를 통해 감정을 교류하고 공감하는 것, 타인을 이해하고 배려하는 것 역시 지능이라는 의미다. 이 것을 '사회적 지능', '소셜 인텔리전스'social intelligence라고 한다. 이것이야말로 사람만이 가진 능력이며 성공과 행복을 이루는 데 더 결정적인 역할을 한다고 한다.

사회적 지능을 처음 주장한 사회학자는 에드워드 손다이 크Edward Thorndike다. 1920년 그는 사회적 지능을 이렇게 정의 했다고 한다. "the ability to understand and manage men and women and boys and girls, to act wisely in human relations." 우리말로 옮기면 사람을 잘 이해하고 다루는 능력,

이를 통해 인간관계에서 현명하게 행동하는 능력이라는 뜻이다. 영어에서 흔히 쓰이는 '소셜 스킬'social skill, 즉 사교술이라는 표현과 맥락이 같다.

나는 소셜 인텔리전스가 통역 분야뿐만 아니라 모든 분야에서 필요하다고 생각한다. 직장 생활에서도, 친구 관계에서도, 심지어 가족 관계에서도 사회적 지능이 필요하다. 아내, 또는 남편이 밖에서 겪은 황당하고 억울한 일을 하소연했을 때 배우자가 공감하고 위로해주지 않는다면 부부 관계가 결코 원만할 수 없다. 아이가 학교생활에서 겪은 소소한 감정을 부모가 열심히 들어주지 않는다면 머지않아 아이는 마음을 닫아버릴 것이다.

특히 리더의 자리에 올라갈수록 사회적 지능이 더욱 중요해진다는 걸 통역을 하면서 알게 됐다. 국제회의 통역사들은 정말 쟁쟁한 분들을 가까이서 접한다. 그들의 명석한 두뇌나 전문적인 지식에 깊은 인상을 받을 때도 분명히 있지만, 특히 그들이 주변 사람들에게 친절하게 대하고 배려할 때 깊은 감동을 받는다. 수행원이 실수로 컵을 쏟아 당황하고 있을 때 짜증스러운 기색 하나 없이 오히려 다독여주는 모습이라든가, 기술적 문제로 회의 진행이 매끄럽지 않을 때 훈훈한 농담으로 분위기를 편안하게 만들어준다든가, 센스 있는 선물을 준비해 와서 협상 상대방의 마음을 여는 모습 등을 보면 배려도 확실히 리더십이며 능력의 일부라는 것을 깨닫는다.

그런 모습을 볼 때마다 나 자신을 돌아보며 클라이언트를 위해 더 살필 것은 없었는지, 나로 인해 누군가가 서운함을 느끼거나 마음을 다치지는 않았는지 생각해본다. 언제나 후회스럽고 아쉬운 일들이 하나둘 떠오르는 것을 볼 때, 아직 나는 배려의 능력을 마스터하기에는 한참 멀었나 보다.

2012년경 한국 가전 기업들이 미국에서 반덤핑anti-dumping 제소를 당한 적이 있다. 그때 미국 상무부와 국제무역위원회에서 한국에 조사를 나왔는데, 나와 절친한 후배가 그들의 통역을 맡게 됐다.

반덤핑 조사는 미국 조사단이 직접 해당 업체를 방문해 회계장부를 들여다보고 기업의 해명을 듣는 과정이다. 오전 조사를 마치고 점심시간이 됐을 때, 미국 조사관들은 모두 회의실에서 샌드위치를 먹는다며 후배에게도 샌드위치를 권했다. 그런데 후배는 원래 밀가루 음식을 좋아하지 않는 데다 그날따라 아침에 빵을 먹고 온 터라 샌드위치가 영 내키지 않았다. 마침 한국 기업 측이 구내식당에서 밥을 먹을 수 있다고 안내해줘서 후배는 아무 생각 없이 혼자 구내식당으로 가서 밥을 먹었다.

그리고 돌아왔을 때, 회의실 안으로 들어가려는 후배를 조사관이 막아섰다. 그는 후배의 가방과 소지품을 챙겨 건네며 "당신의 일은 끝났습니다. 집으로 가세요"라고 말했다.

"무슨 일입니까? 왜 이러시죠?"

"당신을 더 이상 신뢰할 수 없습니다. 다른 통역사를 불렀으니 집으로 가세요."

구내식당에서 밥을 먹는 동안 한국 기업 측 사람들과 접촉했을 가능성, 그들에게 매수당했을 가능성을 배제할 수 없다는 것이 이유였다. 결국 후배는 한국 사람들 틈에서 밥을 먹었다는 이유로 그날 곧바로 잘렸다.

◇ ◇ ◇

또 다른 후배도 비슷한 일을 겪었다. 한 다국적 기업이 한국에 건설 중인 공장에 시공 감리를 나왔다. 전문가들 몇 명이 와서 몇 주 동안 감리를 진행하는데 후배에게 통역을 맡겼다. 건설 현장이 지방이라 호텔에서 머물며 몇 주를 보내야 하는 통역이었다.

하루는 여가 시간에 후배 혼자 밥을 먹으러 호텔 인근의 식당에 갔다가 한국 공장 직원들을 우연히 만나 어울리게 됐다. 금요일 오후여서 밥을 먹다 보니 소맥도 몇 잔 걸쳤다고 한다. 그러고서 월요일 아침 출근하자 함께 밥을 먹었던 한국인들이 친근하게 인사를 건넸다.

"잘 쉬었어? 속은 괜찮아? 주량이 세던데!"

화기애애하게 웃고 회의실에 들어와 일을 시작하려고 하는데, 감리관들의 눈빛이 싸늘했다.

"미스터 김, 주말 사이에 한국 공장 관계자들과 따로 만났습니까?"

후배가 대답했다.

"아, 예. 금요일 저녁에 우연히 식당에서 만나서 함께 밥을 먹고 맥주도 좀 마셨습니다."

그러자 감리관들이 믿을 수 없다는 표정을 지었다.

"어떻게 그럴 수가 있습니까? 공정하게 통역해야 할 사람이 상대 측 사람들과 어울리다니요?"

그러면서 그들은 평생 잊을 수 없는 말로 후배를 해고했다.

"당신은 손상됐습니다. 더 이상 신뢰할 수 없으니 당신을 해고합니다."

"당신은 손상됐습니다." 감리관들은 영어로 "You are

compromised"라는 표현을 썼다고 한다. 'compromise'는 원래 '타협하다'의 뜻인데, 네트워크가 해킹을 당하거나 범죄수사에서 DNA와 같은 증거물이 훼손됐을 때에도 이 단어가 사용된다. 후배는 자신이 해고된 것도 충격적이지만, 마치 통역사를 오염된 물건처럼 표현하는 데 더 충격을 받았다고 한다.

통역의 세계에서 이런 일은 생각보다 자주 일어난다. 특히 외국 기업이나 기관에 고용돼 감사나 협상을 벌이는 프로젝트일 때 종종 이런 일이 생긴다. 공과 사가 쉽게 뒤섞이는 한국인, 사람과 어울리는 것을 좋아하는 한국인의 문화에서는 별문제가 되지 않는 일이다. 밥 한 번 먹었다고 의심하고 해고하다니 너무 심하다는 생각이 들 수 있다.

하지만 그들 입장에서 생각해보면 이해할 수 있다. 통역은 '뉴트럴리티'가 기본 원칙이기 때문이다. 통역사가 자신의 국적, 인종, 종교, 가치관 등에 상관없이 클라이언트를 위해 최선을 다해줄 것이라는 믿음이 지켜져야 한다. 외국인들 입장에서는 한국 기업을 상대하면서 한국인 통역사를 고용한다는 것이 일종의 리스크risk다. 한국인 통역사가 한국 사람들의 이익을 위해 일종의 스파이처럼 전략을 노출하거나 내부 정보를 흘릴까봐 걱정이 많을 수밖에 없다.

검은 깃털 모자(1910), 구스타프 클림트

◆ ◆ ◆

실제로 통역사가 스파이로 밝혀져 충격을 준 일이 여러 번 있었다. 2006년 아프가니스탄에 파병된 NATO군에서 통역병을 맡고 있던 대니얼 제임스Daniel James 상병이 스파이 혐의로 체포됐다. 영국 사령관의 담당 통역병이었던 그는 상병의 지위로는 알 수 없는 여러 정보에 접근할 수 있었다. 그런데 그 정보들을 암호화해 이란 대사관 직원에게 여러 차례 이메일을 보낸 사실이 들통난 것이다. 그가 변절한 이유는 이란 태생인 탓에 군에서 인종차별을 당하고 승진을 하지 못한 분풀이였다고 한다.

2017년에는 우크라이나 총리의 수행통역사로 일해온 스타니슬라프 예조프Stanislav Yezhov가 러시아 스파이로 밝혀져 유럽 정치외교계가 발칵 뒤집혔다. 특히 체포되기 바로 몇 달 전 그가 총리와 함께 영국 수상 관저가 있는 다우닝가Downing Street에서 테리사 메이Theresa May 당시 수상을 만난 적도 있는 것으로 밝혀져 충격이 컸다. 당시 메이 수상과 우크라이나 총리는 러시아 문제를 집중적으로 논의했었다고 한다.

사실 내가 소속된 '국제회의 통역사협회'AIIC에도 스파이 활동을 한 인사가 명예회원으로 등록돼 있다. 쟈니 드 클라랑스Jeannie de Clarens라는 프랑스 여성으로 2차 세계대전 당시 독일군 통역으로 일하면서 독일 신무기 관련 정보를 프랑스 저항군에게 제공했다. 그녀가 제공한 정보 덕분에 수많은 민간인이 사망을 피했고 독일의 패전에 큰 역할을 했다고 한다. 2차 세계대전의 영웅으로 칭송돼 2018년 국제회의 통역사협회의 명예회원으로 추대됐지만, 사실 스파이 활동을 한 통역사를 과연 통역사들의 롤모델로 내세울 수 있는지에 대한 논란이 있다.

클라이언트가 원하는 것은 '솔리드 크레더빌리티'solid credibility, 즉 견고한 신뢰성이다. 실제로 스파이 짓을 했느냐 안 했느냐를 따지는 것보다 그런 신뢰를 따져야 하는 상황을 만들지 않는 것이 중요하다. 애초에 오해가 발생하지 않도록 행동을 조심하는 것이 최선이다.

나의 경우, 유럽에서 발생한 한국 기업 반덤핑 제소 사건에서 유럽연합EU 측 통역을 여러 번 맡았다. 아침에 현장에 도착하면 한국 기업 측과 EU 측이 서로 인사를 한다. 한국 사람들이 한국말로 나에게도 인사를 건네는데, 문득 EU 조사관들의 따가운 시선이 느껴졌다. 나는 한국말로 답하지 않고 곧바로 영어로 그 인사말을 통역했다. 한국말로 대화가 오가면 나의 크레더빌리티가 무너져 내릴 것이라는 걸 알았기 때문이다. 통역 기간 내내 나는 한국 측 사람들과 절대 한국어로 이야기를 나누지 않았고 눈도 마주치지 않으려고 노력했다. 밥을 먹을 때나 화장실에 갈 때에도 우연히 마주칠까 봐 조심하고 또

_8가지 통역의 세계

조심했다.

하지만 매일 단 한 번 한국말을 할 때가 있었다. 회의 시작 전에 나는 늘 이렇게 말했다.

"한국인 여러분, 회의 중 여러분이 하는 모든 말을 제가 단한 마디도 빼놓지 않고 다 EU 측에 통역을 할 겁니다. 그러니 제가 통역하길 원치 않는 말은 하지 말아주세요. 그리고 저에게 그 어떤 말도 먼저 걸지 말아주세요."

물론 EU 측의 양해를 구한 내용이었다. 내가 EU 측의 통역사로서 뉴트럴하게 행동할 것이라는 신뢰를 주면서, 동시에 한국 측이 괜한 말실수로 손해를 보지 않기를 바라는 마음에서 한 말이다. EU 측도 이 정도는 이해해줬다.

◇ ◇ ◇

2010년 레흐 카진스키Lech Kaczyński 폴란드 대통령이 비행기 추락으로 사망한 사건이 있었다. 대통령과 더불어 군 수뇌부와 정부 요인 96명이 사망했는데, 당시에는 사고로 수사를 종결했지만, 폴란드 검찰은 이것이 우연한 사고가 아니라 암살 사건이라고 의심하고 2017년 재수사에 들어갔다. 수사 대상에 오른 사람은 추락 사건 당시 폴란드 총리이자 수사 당시 EU 정상회의 상임의장이었던 도널드 터스크Donald Tusk였다. 터스크는 비행기 추락 후 곧바로 블라디미르 푸틴 러시아 대통령과 두 차례 수상한 만남을 가졌다.

그 만남의 내용을 알기 위해 검찰은 당시 통역을 맡은 막달레나 피타스 듀카쥬스카Magdalena Fitas-Dukaczewska를 소환할 계획을 세웠다. 그러자 그녀는 TV에 출연해 증언을 거부하겠다고 공개적으로 선언했다. 증언을 하면 자신의 신뢰성뿐만 아니라 동료 통역사들의 신뢰성, 폴란드 외교의 신뢰성까지 무너지기 때문에 절대로 증언할 수 없다는 것이 이유였다. 동료 통역사들과 국제회의 통역사협회도 듀카쥬스카의 입장을 지지하는 성명서를 발표했다. 그리고 2년이 흐른 2019년, 폴란드 법원은 검찰의 증인 소환장 발부 요청을 거부하는 판결을 내렸다. 그날 국제회의 통역사협회는 트위터에 메시지를 올렸다.

"폴란드 법원의 결정에 환호한다."

나 역시도 이 폴란드 통역사와 똑같은 결정을 했을 것이다. 신뢰는 일하는 사람들 사이에 유통되는 '화폐'와 같다. 화폐는 모든 사람이 믿어주면 돈으로 활용되지만 믿어주는 사람이 없으면 휴지 조각에 불과하다. 어떤 경우라도, 심지어 내가 큰 손해를 감당해야 하더라도, 신뢰를 지켜야 한다. 신뢰는 누가 나에게 선심 쓰듯 주는 것이 아니라 내가 스스로 얻는 것이기 때문이다. '크레더빌리티'는 어떤 경우라도 지켜져야 한다.

북한 통역사는
무엇을 잘못했을까

2019년 하노이에서 열린 제2차 북미회담에 김정은 국무위원장은 새로운 통역관과 함께 나타났다. 싱가포르 제1차 북미회담에서 대동했던 김주성 통역관이 아니라 처음 보는 여성 통역관이었다.

신혜영이라는 이름의 여성 통역관에 대해서는 알려진 것이 별로 없었다. 제1차 북미회담에서 미국 트럼프 대통령이 여성 통역관인 이연향 미 국무부 통역국장을 대동했기에 북한도 이에 맞춰 여성 통역관으로 교체했을 것이라는 언론의 추측만 있을 뿐이다.

단독회담 직전 모두발언 영상을 처음 봤을 때, 나는 그녀가 완벽한 북미 발음을 구사하고 인토네이션intonation, 즉 억양이 화려하고 말하는 속도가 시원하다는 데 깊은 인상을 받았다. 문장도 나무랄 데 없었다.

특히 김정은 국무위원장이 "우리가 마주 앉아서 훌륭한 시간을 보내고 있는 데 대해 마치 환상영화의 한 장면으로 보는 사람들이 있을 것"이라고 말한 것을, "I'm sure that all of them will be watching the moment that we are sitting together side by side as if they are watching a fantasy movie"라고 통역한 것이 신선했다.

그대로 번역하자면 "나는 모두가 우리가 나란히 앉아 있는 이 순간을 판타지 영화처럼 지금 보고 있을 것이라고 확신한다"이다. 김정은의 뉘앙스는 미국 대통령과 북한 지도자가 한자리에 앉아 있는 것을 사람들이 믿을 수 없는 심정으로 볼 것이라는 의미다. 그런데 신혜영 통역사는 흥미진진하게 관심을 가지고 볼 것이라는 긍정적인 뉘앙스로 바꿔놓았다. 앳된 외모로 볼 때 국제무대 통역 경력이 길지는 않을 것 같아 꽤 당차고 야무지다는 생각이 들었다.

그런데 이후 확대회담을 시작할 때 그녀가 실수하는 장면을 볼 수 있었다. 미국 기자가 김정은에게 "인권 관련해서도 논

_8가지 통역의 세계

의하실 건가요?"라고 묻자 신혜영이 통역을 하지 않고 가만히 있는 것이었다. 보다 못한 미국 측 통역관 이연향이 대신 통역을 했다.

"위원장님, 인권 문제도 얘기하실 건가요?"

김정은이 머뭇거리며 대답을 하지 않자 트럼프가 대신 대답했다.

"우리는 모든 의제를 논의할 것입니다."

또 다른 미국 기자가 "김정은 위원장님, 미국이 평양에 연락사무소를 개설하는 것과 관련해 준비가 돼 있습니까?"라고 질문했는데, 이번에도 신혜영은 통역하지 않았다. 역시 이연향이 대신 통역했다. 그런데 이번에도 김정은이 답변을 하지 않아서 침묵이 흘렀다. 보다 못한 트럼프가 재차 물었다.

"굉장히 흥미로운 질문이니 김정은 위원장의 답변을 듣고 싶습니다."

그제야 김정은이 대답했다.

"환영할 만한 일이라고 생각합니다."

이것이 얼마나 어색한 상황인지 통역사들은 안다. 통역사들은 철저히 자신이 맡은 VIP의 귀와 입이 돼야 한다. 자신이 들은 말을 통역하지 않는 상황은 VIP에겐 갑자기 귀가 안 들리는 것과 똑같다. 상대편 통역사가 대신 통역을 해주면 고맙긴

하지만 마치 도움을 받아서는 안 되는 사람에게 도움을 받은 것 같은 묘한 기분이 들 수밖에 없다. 김정은이 답변을 못 한 것도 어쩌면 이런 어색함, 불편함 때문일 것이다.

◇ ◇ ◇

그런데 신혜영 통역관은 왜 통역을 안 한 것일까? 조심스럽게 짐작해보자면, 우선 미국 기자의 질문을 자신이 통역해야 하는지, 미국 측 통역관이 통역해야 하는지, 잘 판단하지 못해서 놓친 것일 수 있다. 김정은 위원장에게 질문을 했으니 당연히 자신이 통역을 해야 하는데, 경험이 부족해 그 타이밍을 놓친 것이다.

혹은 이렇게 추측해볼 수도 있다. 미국 기자의 질문이 김정은 위원장에게 그대로 전달하기에 무엄하다고 느껴서 전하지 못한 것이다. 북한에서 인권은 매우 불쾌한 주제다. 그런 불쾌한 주제를 감히 '위대하신 지도자 동지'에게 전할 수 없어서 입을 떼지 못한 것이 아닐까 추측한다. 연락사무소 개설 질문 역시 회담을 준비하면서 북한에서 전혀 논의된 적이 없는 주제이기에 당황해서 통역하지 않은 것이 아닐까 생각한다.

사실 통역사가 제대로 능력을 발휘하기 위해서는 어떤 말이든 그대로 전할 수 있는 민주적인 분위기가 전제돼야 한다. 그러기 위해서는 아무리 폐쇄적이고 권위적인 공산국가라 해도 통역사에게 모든 말을 옮길 수 있는 자유로움이 허용돼야 한다. 안타깝게도 신혜영은 그런 자유를 누린 적이 없었던 것 같다. 또 국제 외교 무대에서 그런 경험을 많이 해본 적이 없어서 그 중요성을 몰랐을 것이라 추측한다.

결국 그 해프닝은 결정적 실수로 이어졌다. 언론 보도에 따르면, 약 두 시간 정도의 회담 끝에, 트럼프가 먼저 '노딜'No Deal을 선언하고 자리에서 일어났다고 한다. 회담장을 빠져나가는 트럼프의 등을 향해 김정은이 다급하게 말했다고 한다.

"한 가지 더 제안할 게 있습네다."

그런데 이번에도 신혜영은 멀어져가는 트럼프의 등만 바라볼 뿐, 이 말을 통역하지 않았다. 트럼프는 그대로 회담장 밖으로 나가버렸다. 경력이 많은 통역사였다면 자리에서 벌떡 일어나 트럼프를 붙잡아 김정은의 말을 통역했을 것이다. 어떤 상황이든 수행하는 사람의 말을 누락하는 일은 있을 수 없다. 트럼프의 걸음이 너무 빠르면 달리기라도 해서 소맷자락을 붙잡았어야 한다. 만약 김정은이 하려던 마지막 제안이 트럼프의 마음을 움직일 수 있는 절호의 카드였다면, 하노이 회담의 결과는 달라졌을지도 모른다. 신혜영의 결정적 실수 때문에, 우리는 역사의 기회 하나를 놓쳤다.

통역은 근성이다. 무슨 일이 있어도 전해야 할 말은 다 전해야 한다. 때로는 무례를 무릅쓰고 말을 가로막아야 하고, 쫓아가서 팔을 붙잡을 줄도 알아야 한다. 타이밍을 놓치지 않는 것도 중요하지만, 놓쳤을 경우에는 반드시 수습을 해야 한다.

◆ ◆ ◆

나도 비슷한 일을 많이 겪었다. 회담이나 협상을 할 때는 양측이 팽팽하게 신경전을 벌이면서 분위기가 험악해질 때가 있다. 우리 측 말을 내가 통역하고 있는데 그것이 다 끝나기도 전에 상대 측에서 흥분해서 반박을 시작한 것이다. 그 순간 나는 정색을 하고 "Sorry Sir, I haven't finished"(죄송하지만, 아직 끝나지 않았습니다)라고 말하고 끝까지 통역을 했다. 반대로 상대 측의 말을 한국어로 통역하고 있는데 한국 대표들이 말을 다 듣지도 않고 반응할 때가 있다. 그때도 나는 똑같이 끼어들어서 "죄송하지만 중요한 내용이 있으니까 끝까지 듣고 말씀해주세요"라고 말하고 끝까지 통역했다.

해외 출장 통역을 할 때 내가 가장 걱정하는 것 중 하나는 입국심사를 마치고 공항 로비로 나오는 데 걸리는 시간이다. VIP의 도착에 맞춰 상대국에서 영접을 나오기 때문에 로비에 발을 딛는 것과 동시에 통역이 시작돼야 한다. 그런데 좌석 등급에 따라 비행기에서 내리는 차례가 다르고, 수하물을 찾는 속도도 다르고, 운이 나쁘면 입국심사에서도 뒤처지곤 한다. VIP는 이미 로비로 나갔는데 나는 아직도 입국장 안에 갇혀 있을 때가 있다. 그럴 때는 정말 마음이 초조하다. 단 1분 1초라도 내가 맡은 VIP가 통역 없이 당황하는 시간을 만들어서는 안 되기 때문이다.

그래서 나는 몇 가지 원칙을 만들었다. 일등석에서 내리는, 내가 모셔야 할 VIP분과 같이 내릴 수 있도록 한다. 도착하기 전에 기내 화장실에서 외모 점검을 마친다. 비행기 도착과 동시에 자리에서 일어나서 내릴 태세를 갖춘다. 승무원이 일등석 승객이 다 내린 후에 내릴 수 있으니 자리에서 앉아 있으라고 말해도 나는 괜찮다고 말하고 출입문 제일 가까운 통로에 서서 기다린다. 출입문이 열리면 나는 총알 같은 속도로 뛰어간다 등이다.

나만 이렇게 하는 것이 아니다. 활발히 일하는 국제회의 통역사들은 다들 이렇게 하고 있을 것이다. 단 한마디도 놓치지 않고 통역하겠다는 이런 근성이야말로 이들이 다르다고 인정받게 한 차이가 아닐까?

"Professionalism is doing your best work when you don't feel like it." 프로 근성이란 하고 싶지 않을 때에도 최선을 다하는 것이다.

미국의 저명 저널리스트 앨리스터 쿡Alistair Cooke이 남긴 말이다. 어떤 상황에서도 포기하지 않고 할 수 있는 모든 것을 끝까지 하는 것. 좀 버겁더라도, 스스로 초라해지더라도, 어떻게든 목표를 향해 달리는 것. 그래서 위기 때 더 빛나는 것이 근성이 아닐까 한다.

_8가지 통역의 세계

베테랑의 공부

2장

일과 인격은
하나다

30년에 걸쳐 깨달은 일의 원칙

패기 넘치던 젊은 시절에는 큰 그림이 보이지 않았다. 내 사정, 내 권리만 중요했다. 하지만 내가 아무리 옳다 해도 해서는 안 되는 일이 있다. 특히 다른 사람들의 영역만큼은 침범해서는 안 된다. 내 영역을 존중받기 원하는 것처럼, 다른 사람의 영역을 존중해야 한다.

누구나 사회에 첫발을 내딛던 날을 잊지 못할 것이다. 통역사는 특히 더 그렇다. 그동안의 피나는 훈련이 실전에서 어떻게 발휘되는지 스스로 확인하는 날이기도 하고, 많은 사람 앞에서 내 실력을 테스트받는 날이기도 하다.

나에게 그날은 전쟁과 함께 찾아왔다. 당시 나는 통번역대학원 졸업시험을 치르느라 모든 에너지를 다 소모하고 시체처럼 집에서 잠을 자고 있었다. 갑자기 교수님에게서 전화가 왔다. 지금 걸프전이 터졌는데 CNN 뉴스를 생중계로 동시통역을 해야 하니 당장 MBC로 가라는 것이었다.

대학원을 다니는 동안 틈틈이 시사 상식을 길러두려고 애를 썼지만 사실 중동 지역의 역사나 국제 정세에 대해서 깊게 알지는 못했다. 우선은 신문을 정신없이 읽었다. 배경지식 없이 통역하다가 엉뚱한 소리를 할 수도 있으니 전반적인 역사를 알아둬야 했다. 중동지역 내 이라크가 처한 상황, 이라크와 쿠웨이트와의 관계, 이라크가 쿠웨이트를 침공한 이유, 미국이 이에 반발해 다국적군을 이끌고 전쟁을 선포한 이유, 사담 후세인이라는 인물에 대해서까지 파악해야 했다.

졸업시험 끝나고 매일 연습하던 동시통역을 며칠 쉬었던 탓에 방송국에 도착하기 전까지 부지런히 연습하며 입에 익혔다. 그렇게 닥치는 대로 신문을 읽으며 MBC 보도국에 도착했다. 통번역대학원을 졸업하고 MBC 보도국에서 기자 생활을 하고 있는 선배님이 나를 맞이해주셨다.

집에서 준비해온 부시 대통령, 딕 체니 국방장관, 콜린 파월 합참의장 등 주요 인물의 이름과 직함, 걸프만의 도시 이름과 항구 이름, 이라크와 쿠웨이트의 병력 규모, 전차, 전투기의 기종, 미사일과 항공모함의 이름, 그 밖에 전투에 사용되는 용어가 빼곡히 적혀 있는, 일종의 커닝 페이퍼를 생명 줄처럼 손에 꼭 쥐고, 나는 테이블에 앉았다. 헤드셋을 끼고 CNN 생중계 화면을 바라보며, 나는 들리는 내용을 한 문장 한 문장 한국어

2장 일과 인격은 하나다

로 옮겼다.

"잠시 펜타곤을 연결하여… 울프 블리처 기자의 말을 듣겠습니다… 예. 펜타곤입니다. 곧 프레스 룸에서 브리핑이 있을 예정입니다… 콜린 파월 합참의장과 딕 체니 국방장관의 공동 브리핑입니다. 그 전에 대통령이 먼저 대국민 연설을 할 예정으로, 45분 안에 시작될 것입니다… 미국의 공습은 현재까지 순조롭게 진행되는 것으로 보입니다… 미국 전투기가 추락했다는 소식은 전혀 없습니다. 지금까지 이라크가… 사우디아라비아나 이스라엘에 스커드Scud 미사일을 쏘았다는 징후는 없습니다. 만약 이라크가 미사일을 쏠 계획이라면 전쟁이 시작되고 몇 분 안에 쐈을 겁니다. 지금 전쟁이 시작된 지는… 두 시간 정도가 지났습니다…."

10분 정도의 첫 동시통역을 마치고 내려오는데 제정신이 아니었다. 내가 뭐라고 했는지, 제대로 통역을 했는지, 아무 생각이 나지 않았다.

"잘했다! 정말 잘했어!"

통대 선배였던 기자님이 다가와 어깨를 두드리니 그제야 정신이 들었다.

"침착하게 잘했어. 내용도 잘 전달했고, 목소리 톤도 좋았어."

_30년에 걸쳐 깨달은 일의 원칙

몇 시간 후 다시 뉴스 시간에 두 번째 생방송으로 연결된 동시통역은 형편없었다. 바그다드 현지 특파원을 전화로 연결한 리포트였다. 말은 빠른데 소리는 작고 잡음이 너무 심했다.

"노먼 슈워츠코프 사령관이 사막의 폭풍 작전… 중… 짤막한… 성명을 병사들에게 발표했습니다. 그 내용은… 병사들이여, 특히 미국 병사들이여! 나는 그대들의 눈에서 불꽃을… 결단의 불꽃을 보았다. 이 임무를 빨리 끝내고 돌아가겠다는… 조국으로… 돌아가겠다는 결단을 보았다. 나의 확신, 그대들에 대한 나의 확신은 온전하며 우리의 대의는 정의롭다. 그대들이 이 전쟁의 천둥과 번개가 되어야 한다. 신의 가호가 함께하길. 미국 작전사령관 노먼 슈워츠코프."

역시 훈련과 실전은 다르다는 것을 뼈저리게 느꼈다. 대학원에서 훈련할 때는 주로 잘 정리된 정치인의 연설문, 깨끗한 음질의 국제회의 영상 등을 사용했었다. 하지만 CNN뉴스는 급조된 문장이 속사포처럼 쏟아지고 단어는 뭉개지고 잡음도 심했다.

세 번째 통역은 더 엉망이었다. 이번에는 잡음 속에 각종 군사 용어, 병기 이름이 잔뜩 나와서 헤매고 말았다. 데스크에

2장 일과 인격은 하나다

서 내려오는데, 절망적인 마음이 들었다.

'내 실력이 이것밖에 안 되는구나.'

그렇게 휘몰아치듯 하루 종일 MBC에서 머물면서 데뷔전을 치르고 너덜너덜해진 마음으로 집으로 돌아왔다. 잠을 청했지만 잠이 오지 않았다. 자신감이 바닥에 떨어져 멀리 도망쳐 숨고 싶었다.

'이런 실력으로 민폐를 끼치느니 내일 가서 못 하겠다고, 아직 준비가 안 된 것 같다고 말씀드리는 게 낫지 않을까?'

그러다 이런 생각이 들었다.

'나를 추천해주신 교수님은? 단 하루 만에 나의 한계를 규정하는 건 너무 성급하지 않을까? 내가 어디까지 할 수 있을지, 좀 더 해보고, 더 많이 노력하고 판단해야 하지 않을까?'

◇ ◇ ◇

그날 밤, 나는 통역사로서 가져야 할 나만의 첫 원칙을 정했다. 바로 날마다 나를 리셋reset, 즉 초기화하는 것이다. 그날 내가 통역을 얼마나 잘했든 혹은 얼마나 못했든, 어떤 칭찬이나 비판을 들었든, 기분 나쁜 일이 있었든, 집에 들어오는 순간 모두 다 잊어버리고 내일을 위해 리셋 버튼을 누르는 것이다. 머리를 다 비우고 온전히 내일을 위한 준비 모드에 들어가는

_30년에 걸쳐 깨달은 일의 원칙

꽃이 만발한 매화나무(1879), 클로드 모네

것. 그것이 앞으로 살아갈 통역사로서의 긴긴 삶을 잘 살아낼 수 있는 방법이라는 생각이 들었다.

지난 32년 동안, 나는 정말 그렇게 했다. 밖에서 느낀 어떤 기분도 집으로 갖고 들어가지 않았다. 파트너와의 호흡이 맞지 않아 동시통역에서 실수가 많았던 날도, 억울한 일로 클라이언트에게 항의를 들은 날도, 클라이언트가 밥을 챙겨주지 않아 하루 종일 쫄쫄 굶은 날도, 집에 들어가는 순간 머릿속에서 모두 지웠다.

"What's done is done."이미 일어난 일은 어쩔 수 없다.

"You can't change the past, so learn from the past and move on."과거를 바꿀 수 없으니, 그로부터 배우고 앞으로 나아가야 한다.

지금이야 일의 기쁨을 만끽하면서 스스로를 칭찬하는 법을 배웠지만 당시는 내게 훨씬 더 엄격했다. 나쁜 일뿐만 아니라 좋은 일, 기쁜 일도 되도록 지웠다. 지나친 기쁨 역시 평정심을 유지하는 데 방해가 되기 때문이다. 성취감에 도취하다 보면 자만에 빠지고, 자만에 빠지면 내일을 소홀히 하게 된다. 그래서 나는 엘리자베스 2세 여왕의 수행이 무사히 끝난 후에도, 그 까다로운 국제통역사협회 멤버십 신청이 드디어 승인됐을 때에도, 한미 확대 정상회담 만찬 후 트럼프 대통령에게 "대단했어요!"You were great!라는 칭찬을 들었을 때에도, 집으로 들어서는 순간 모두 잊어버렸다. 그저 조용히 옷을 갈아입고, 가족들과 저녁을 먹고, 남편과 강아지를 데리고 짧은 산책을 한 후, 내일 맡은 또 다른 통역 프로젝트를 준비했다.

우리의 하루하루는 날마다 100미터 단거리 경기가 벌어지는 육상 대회와 같다. 오늘의 레이스가 끝나면 내일 또 다른 레이스가 시작된다. 매일 경기를 잘 치르려면 체력과 정신력을 기복 없이 그대로 유지하는 것이 중요하다. 그러려면 이미 발생한 일에 연연하지 말고 앞일을 생각해야 한다. 별로 어렵지 않다. 머리를 다 비우고 지금 주어진 일, 해야 할 일에 집중하면 된다. 맛있게 밥을 먹고, 청소와 정리정돈을 하고, 깨끗이 씻고 잠자리에 드는 것이다. 내일은 오늘보다 더 잘해야 하니까. 내일보다 더 소중한 기회는 없으니까.

"Reset yourself and go to bed."나를 리셋하고 잠자러 가자.

　　대한민국 최초 정부기관 전속 통역사로 상공부에 입사했
을 때, 나는 MBC에서 두 달간 수행했던 걸프전 통역 경력밖에
없는 20대 중반의 햇병아리였다. 당시 상공부는 서울에서 개최
되는 APEC 정상회의를 준비하고 있었고 우루과이라운드도 진
행 중이었다. 당시 언론에서는 1986년부터 시작해 1993년 타
결된 GATT(관세 및 무역에 관한 일반 협정)의 다자간 무역협상을 통칭해
우루과이라운드라 불렀다. 이 외에도 반덤핑 제소, 무역구제,
통상협상이 줄줄이 잡혀 있고 수출 신장을 위해 해외교류도 늘
어나고 있어서 전담 통역사가 필요했던 시기였다.

입사 후 거의 날마다 협상회의가 이어졌다. 한미자동차협상, 한미통신협상, 한미지적재산권IPR협상, 한미주세협상, 한미섬유협상 등 미국과의 협상은 물론, EU와도 수출과 수입에서 여러 통상마찰을 빚고 있어서 거의 날마다 팀을 바꿔가며 통상회의를 했고 한국을 방문하는 관련 부처 장관들은 물론 무수히 많은 실무급 회의 통역도 했다.

이렇게 몇 달을 보내고 나니 슬슬 동시통역이 그리워졌다. 통번역대학원을 나온 사람이라면 순차통역 정도는 열심히 준비하면 대부분 잘할 수 있다. 하지만 동시통역은 차원이 다르다. 피나는 노력과 훈련이 없으면 할 수 없는 일이고, 어느 정도 수준에 올라도 계속하지 않으면 감을 잃어버리기 쉽다. 동시통역의 기술을 연마하기 위해 통번역대학원 2년의 시간을 그토록 힘들게 보냈는데 몇 달을 계속 순차통역만 하고 있으니 걱정이 됐다.

'어쩌면 나도 기업이나 조직에 전속된 인하우스in-house 통역사의 딜레마에 빠지는 건 아닐까? 안정된 직장과 높은 연봉이 보장되지만 동시통역 능력을 점점 상실해가는, 이름뿐인 국제회의 동시통역사가 되는 것은 아닐까?'

그런데 기회가 찾아왔다. 상공부가 해외에서 연사를 초청해 통상협상 관련 세미나를 하는데 동시통역으로 진행하기로 한 것이다. 내 실력을 재점검할 기회이자 상공부 임직원들에게 대한민국 정부가 처음으로 고용한 전속 통역사의 실력을 보여줄 기회이기도 했다. 나는 신이 나서 준비를 했다.

드디어 결전의 날. 속사포처럼 빠른 연사의 말을 나는 단 한 단어도 놓치지 않고 완벽하게 동시통역했다. 정말 이보다 더 잘할 수는 없다고 자부할 정도로 완벽하게 통역을 끝내고 나 스스로 뿌듯해했다. 행사가 끝난 후 상사들의 폭풍 칭찬을 기대하며 내 자리가 있는 통상정책과 사무실로 들어왔는데, 다들 아무 말씀이 없었다. 나는 궁금함을 참지 못하고 옆자리 사무관에게 물어봤다.

"사무관님, 오늘 제 통역 어땠어요?"

사무관이 조금 망설이더니 이렇게 말했다.

"사냥꾼에게 쫓기는 토끼 같았어. 엄청 빨리 달리는 토끼."

칭찬을 기대했던 나에게는 이해가 안 되는 말이었다.

"무슨 뜻이에요?"

"음… 그러니까, 통역이 너무 빨라서 이해하기 힘들었어."

아뿔싸… 나는 내 생각만 했던 거다. 완벽한 통역 기술을 보여주려는 욕심에 듣는 사람의 입장을 전혀 고려하지 않았던 것이다. 청중이 알아듣건 말건 나의 화려한 기술을 현란하게 펼치는 데에만 정신이 팔렸던 것이다. 당시의 일은 나에게 통역이 무엇인지를 다시 깨닫게 해주는 소중한 계기가 됐다.

◇ ◇ ◇

통역은 발화자의 말을 듣는 사람에게 잘 전달해 이해시키는 일이다. 말하는 사람의 의도를 이해시키려면 모든 문장을 빠짐없이 그대로 전달하는 것 못지않게 듣는 사람이 소화할 수 있는 '속도'로 전달하는 것도 중요하다. 아무리 완벽한 통역도 너무 빠른 속도로 전달하면 의미 없는 말 폭탄에 불과하다.

그럼 이렇게 빠르게 말하는 연사를 맡게 됐을 때 통역사라면 어떻게 해야 할까? 연사에게 속도를 늦춰달라고 요청하는 것이 가장 좋은 방법인데, 현실적으로 쉽지 않다. 국제회의의 시스템상 연설 도중에 통역사가 개입하기 어려우며, 설사 개입한다 해도 연사가 그 요청을 금방 까먹어버리기 때문이다.

실제로 국제회의 통역사들이 빨리 말하는 연사들 때문에 너무 힘들어서 몇 가지 개선 방안을 시도한 적이 있었다. 통역 부스 안에 설치되는 통역사 전용 컨트롤 패널control panel에 '천천히'slow-down 요청 버튼을 추가한 것이 대표적이다. 통역사가 감당하기 힘든 속도로 연사가 말할 때 이 버튼을 누르면 연단에 불이 깜빡여서 연사에게 천천히 말해달라는 메시지가 전달되는 방식이다. 큰 기대를 했지만, 자신의 연설에 흠뻑 빠져 있는 연사들에게 이 신호는 아무 효과가 없었다. 어떤 연사도 이 불빛을 보지 않았기 때문이다. 아무리 버튼을 눌러도 연설 중인 연사에게 전달되지 않으니 결국 이 버튼은 무용지물이 되고 말았다.

◇ ◇ ◇

UN이 주최한 어느 국제회의에서 벌어진 유명한 일화가 있다. 연사가 지나치게 빠른 속도로 말하자 통역사의 말도 점점 빨라졌다. 그렇게 숨도 못 쉬고 통역하던 통역사가 드디어 폭발해 한마디 한 것이다.

"의장님, 연사가 너무 빨리 말하고 있어요. 통역사는 기계가 아닙니다. 의장님이 개입해주지 않는다면 통역을 여기서 끝내겠습니다."

그러고는 정말로 마이크를 꺼버렸다.

내가 소속된 국제회의 통역사협회AIIC에서도 연사들의 연설 속도 문제를 심각하게 생각한다. 그래서 동시통역의 최대 고객인 UN과 EU를 상대로 지속적으로 이 문제에 대해 알려왔다. 덕분에 2012년 EU 집행위원회 통역 총국장European Commission's Directorate-General for Interpretation이 직접 '연사들을 위한 조언'Tips for Speakers이라는 가이드라인을 발표하는 성과를 거뒀

_30년에 걸쳐 깨달은 일의 원칙

다. 가이드라인의 주 내용은 정확한 동시통역을 위해 연사가 지켜야 할 지침을 정리한 것이다. 첫 번째 지침이 "적당한 속도로 자연스럽게 말하라"Speak naturally, at a reasonable pace이다. 그리고 "통역사와 미리 얘기하고 의견을 나누라"Talk with your interpreter and give them feedback, "연설문을 읽을 예정이라면 통역사에게 미리 전달하라"Make sure the interpreter have the text if you read a speech 등의 내용도 있다.

하지만 이런 노력에도 불구하고 빨리 말하는 연사를 가끔 만날 수밖에 없다. 상공부에서의 경험 덕분에 나는 단순히 연사의 속도에 맞춰 빠르게 통역한다고 해서 결코 잘하는 것이 아니라는 사실을 깨달았다. 내가 선택한 방법은 서머라이제이션summarization, 즉 요약이다. 연사의 말을 단어 하나, 문장 하나, 다 전달하는 것이 아니라 두세 문장을 하나로 요약해서 전달하는 것이다. 우선 배경지식과 연설 내용을 미리 철저히 파악해둬야 한다. 그리고 청중이 이해하는 데 아무 문제가 없도록 문장을 만들어 전달하려면 연사의 말 중 버릴 것과 취할 것을 적절히 선택할 수 있어야 한다. 그렇게 하려면 단순한 통역이 아니라 주제파악, 요점정리, 문맥구성 등 고도의 언어 능력이 필요하기 때문에 더 예민하게 집중해야 한다. 이런 통역은 끝나고 나면 기를 다 소모해서 쓰러질 지경이 된다.

내가 맡은 연사가 늘 통역사에게 미리 자료를 잘 챙겨주고, 필요한 것을 다 알려주고, 깨끗한 발음과 적당한 속도로 말한다면 얼마나 좋을까? 하지만 통역사는 연사를 선택할 수 없다. 어떤 연사가 등장해도 흔들림 없이 통역할 수 있도록 준비해야 할 뿐이다.

통역을 하면서 많은 연사들의 스피치를 접하게 된다. 스피치는 'what to say', 즉 어떤 이야기를 하느냐도 중요하지만 그에 못지않게 'how to say', 어떻게 이야기하느냐도 중요하다는 생각을 한다. 아무리 훌륭한 내용이라도 듣는 사람을 고려하지 않고 너무 어려운 용어를 쓰거나, 발음이 분불명하거나, 너무 빨리 말한다면 그 메시지가 전달될 수 없다. 자신의 생각을 잘 이해시키고자 한다면 나의 속도가 아닌 상대방의 생각의 속도에 맞춰 이야기해야 한다는 것을 꼭 염두에 둬야 한다.

예쁜 옷보다는
좋은 구두가 필요하다

상공부에서 전속 통역사로 일한 지 4년째 접어들 무렵, 미국 대사관 측에서 함께 일하자고 제안해왔다. 대사관에서도 처음으로 공식 통역사를 채용하기로 결정한 것이다. 미공보원United States Information Service, USIS에서 일하는 통번역대학원 동기가 있었지만 평소 대사관에서 행사를 진행할 때면 공보원 통역사에게 도움을 빌리는 수고를 덜기 위해 대사관 전속 통역사를 고용하기로 했다고 한다.

당시 나는 상공부 재직 4년 동안 미국과 통상협상을 워낙 많이 경험했기에 대사관 경제과, 농무과, 상무과 분들과도 친

2장 일과 인격은 하나다

했다. 또 미국에서 국무장관이나 상무장관, 무역대표부USTR 대표 등이 방한하면 영접부터 환송까지 모든 의전의 통역을 맡았기에 업무에 대해서도 잘 알고 있었다. 무엇보다도 지금까지 해오던 통상회의뿐만 아니라 대사, 부대사의 수행은 물론 정치·외교 분야, 문화 교류까지 다룰 수 있다는 점이 매력적으로 다가왔다. 하지만 결정적으로 내 마음이 움직인 이유는 따로 있었다. 주5일 근무는 별나라 얘기였던 시절, 토요일에 쉬면서 아이를 돌볼 수 있다는 점이 이직을 결정한 가장 큰 이유였다.

◇ ◇ ◇

공교롭게도 대사관으로 자리를 옮기자마자 북한의 핵무기 개발이라는 이슈가 터졌다. 민감한 상황인 만큼 미국 고위급 인사들이 연이어 우리나라를 찾았다. 국무장관, 국방장관, 외무장관 등이 방한을 했고 나는 통일부, 외교부, 국정원, 미군부대, 비무장지대DMZ 등을 따라다니며 수행통역을 했다.

하루는 점심을 먹고 있는데 직속 상사가 다가오더니 VIP가 오고 있으니 한 시간 내로 김포공항에 가야 한다고 전했다.

"누가 오시나요? 무슨 통역인가요?"

"로버트 갈루치 핵대사님이에요. 북미 고위급 회담 때문에 방북하고 곧 김포공항에 도착하신다고 해요. 한국 정부하고 협

_30년에 걸쳐 깨달은 일의 원칙

의할 게 있어 급하게 오신답니다. 기자회견을 통역해주세요."

갈루치 핵대사는 미 국무부 차관보로, 1993년 북한이 핵확산방지조약 Non-Proliferation Treaty, NPT 탈퇴를 선언한 후부터 북핵대사로 임명돼 활약 중이었다. 그는 북한이 핵을 동결한다면 미국이 경수로와 원유를 제공할 수 있다는 내용으로 북한 측과 협상을 진행하고 있었다. 이것이 바로 1994년 10월에 타결된 제네바합의다.

내가 이분을 처음 본 것은 1994년 5월이었고 북미회담을 앞두고 한국 정부와 조율할 것이 많은 상태였다. 이 회담이 타결되지 않으면 북한은 핵무기를 공공연히 개발할 것이고 미국과 주변국들도 가만히 있지 않을 것이다. 그 유명한 북한의 "서울이 불바다가 될 수 있다"는 발언이 터진 지 불과 몇 개월 후라서 그의 방한은 초미의 관심사였다.

공항으로 갈 채비를 하는데 입고 온 짧은 스커트가 신경 쓰였다. 마침 그날은 예정된 통역이 없었고, 또 날씨가 너무 좋은 5월이라 오랜만에 짧은 스커트를 꺼내 입었던 것이 화근이었다. 좀 걱정이 됐지만 기자회견은 보통 책상이 제공되기 때문에 하반신이 보이지 않으니 괜찮겠다고 생각했다.

그러나 내 예상이 빗나갔다. 공항 귀빈실에서 기자회견을 하는데, 책상이 없고 소파 의자 두 개만 달랑 놓여 있었다. 소

2장 일과 인격은 하나다

파에 앉자 스폰지가 푹 꺼지며 맨다리가 훤히 드러났다. 설상
가상 기자들이 꾸역꾸역 자리를 채우고 있었다. 자칫 핵전쟁으
로 치달을 수 있는 일촉즉발의 상황이니 평화의 열쇠를 쥐고
있는 핵대사의 발언에 다들 관심이 높았던 것이다. 기자들이
너무 많이 들어차는 바람에 좌석을 계속 앞으로 당기다 보니
내 발 바로 앞까지 기자들이 빼곡히 앉을 수밖에 없었다. 책상
이 없으니 마이크를 손에 쥐어야 하고, 노트테이킹note-taking(순
차통역을 할 때 통역사가 발화자의 말을 키워드와 부호로 받아 적는 것)도 해야 하고, 짧
은 스커트까지 신경을 써야 하니 정신이 없었다.

　　그날 이후 나는 절대 짧은 스커트를 입지 않았다. 북핵 문
제, 우리의 안보 문제를 논하는 엄중한 자리에서 짧은 치마로
시선을 끌다니, 잘못돼도 한참 잘못된 일이다. 예고 없이 갑자
기 생긴 일이라 해도 변명의 여지가 없다. 통역사는 이처럼 갑
자기 불려 가는 일이 부지기수다. 인하우스 통역사도 그렇고
프리랜서 통역사라면 더욱 그렇다. 동료 통역사가 아파서 대신
가야 할 때도 있고, 통역사가 피치 못할 이유로 현장에서 해고
돼 에이전시에서 급하게 대타로 통역을 요청하기도 한다.

◇ ◇ ◇

나는 내가 가르치는 학생들에게도 복장의 중요성을 누누

구리 꽃병에 담긴 제국 프리틸라리(1887), 빈센트 반 고흐

이 강조한다. 그럼에도 불구하고 통역을 내보낸 후 클라이언트로부터 클레임을 받을 때가 있다. 모 부처의 장관 수행통역에 제자를 내보냈는데 민소매에 짧은 치마, 맨발에 샌들을 신고 나간 것이다. 통역사의 차림새 때문에 장관의 품위가 떨어지고 장관보다 통역사가 더 시선을 많이 받았다며 항의가 들어왔다.

행사장에 자신의 모습을 드러내지 않는 동시통역도 복장에 주의해야 한다. 많은 학생이 동시통역은 부스 안에서 일하기 때문에 자유롭게 입어도 될 거라 생각하는데, 결코 그렇지 않다. 후배 통역사가 한 소규모 회의에서 동시통역을 맡은 적이 있다. 마침 추운 겨울이어서 스웨터에 바지를 입고 부츠를 신고 갔다고 한다. 동시통역은 말을 많이 하기 때문에 중간중간 물을 많이 마실 수밖에 없다. 그런 탓에 파트너와 교체 후에는 화장실에 가는 경우가 많다. 당시 후배도 물을 많이 마신 바람에 화장실을 여러 번 갔었다. 행사 후 주최 측에서는 스웨터에 부츠를 입은 통역사가 계속 들락거려 회의 집중도가 떨어지고 품위가 손상됐다며 클레임을 했다고 한다.

이런 사례들을 들은 후, 나는 복장에 대해 학생들에게 말할 때 '단정하게', '깔끔하게', '품위 있게' 등의 모호한 단어를 사용하지 않기로 했다. 그 대신 통역을 할 때 입어야 할 옷과 입지 말아야 할 옷을 구체적으로 알려준다. 예를 들어 비가 오나 눈

_30년에 걸쳐 깨달은 일의 원칙

이 오나 반드시 기본 디자인의 셔츠 또는 블라우스를 입으라고 한다. 그리고 검정이나 짙은 회색, 네이비색의 바지 정장 세트업, 혹은 무릎을 덮는 치마 세트업을 입는 것이 가장 바람직하다. 날씨가 더우면 재킷 없이 반팔 셔츠나 블라우스를 입으면 된다. 날씨가 추우면 안에 조끼와 카디건을 껴입고, 더 추우면 검정색, 회색, 남색의 코트를 덧입는다. 날씨가 덥다고 민소매에 미니 스커트를 입어서는 절대 안 된다. 화려한 원색 스카프와 귀걸이 등은 시선을 끌기 때문에 절대 착용해서는 안 된다.

동시통역도 마찬가지다. 통역부스 안에서 대부분의 시간을 보낸다 해도 행사장에 어울리는 복장을 갖춰야 한다. 금융권이나 법조계 쪽 행사는 복장이 더욱 중요하다. 고객사도 행사 전부터 정장business attire 착용을 강조하기도 하는 만큼 주목을 끌지 않는 무채색 옷, 기본 디자인의 옷을 입어야 한다.

◇ ◇ ◇

복장에 대해서 시시콜콜 가르치면 학생들은 억울한 표정을 짓는다. 20~30대의 한창 나이이니 멋을 내고 싶은 마음이 굴뚝같을 것이다. 또 통역사가 따라야 하는 복장 규정이 너무 시대착오적이고 고리타분하다고 생각하는 면도 있는 것 같다.

하지만 직업인으로 일하는 순간 만큼은 클라이언트의 입

2장 일과 인격은 하나다

장을 먼저 고려해야 한다. 나는 학생들에게 옷 대신 신발만큼은 많은 투자를 하라고 조언한다. 통역사에게 예쁜 옷은 필요 없지만 좋은 신발은 반드시 필요하다. 실제 경험에서 비롯한 깨달음이기도 하다.

미 대사관 시절, 주말을 이용해 한국 기업 대표와 미국 기업 대표의 만남에 통역을 하러 나갔다. 만남의 장소는 골프장이었다. 당시 내 머리에는 골프가 경영인들 간 친목을 다지는 도구라는 개념이 전혀 없었다. 게다가 12월이어서 설마 골프를 칠거라고는 생각도 못 하고 치마 정장에 구두를 신고 나갔다. 두 대표는 골프장의 18홀을 천천히 돌며 하루 종일 골프를 쳤다. 그런데 3홀째부터 발이 점점 아프기 시작했다. 9홀쯤 되자 발이 마비돼 아픔도 느껴지지 않을 지경이 됐다. 그 발로 어떻게 18홀을 다 돌았는지 지금 생각해보면 거의 기적으로 느껴질 정도다. 추운 날씨에 치마를 입은 것도 고통스러웠지만 발이 시리고 아픈 것은 말로 표현할 수 없는 심한 고통을 줬다.

◇ ◇ ◇

몇 차례의 고통스러운 경험을 하고서 나는 통역을 나갈 때마다 신발 선택에 공을 들인다. 회의장을 갖춘 곳에서 순차통역을 하는 날에는 4~5센티미터 정도의 정장 펌프스를 신는다.

_30년에 걸쳐 깨달은 일의 원칙

여러 장소를 돌아다니며 장시간 수행통역을 할 때는 2~3센티미터의 로퍼나 옥스퍼드를 선택한다.

우리 집 드레스룸의 옷장 문을 열면 내 칸은 온통 검고 어두운 슈트로 가득하다. 예쁜 원피스나 알록달록한 색상의 니트, 점퍼 등은 눈을 씻고 찾아봐도 없다. 오히려 남편 칸을 열면 화사한 색상의 니트도 있고 캐주얼한 맨투맨과 점퍼도 있다. 부럽지만 어쩔 수 없다. 그 대신 내게는 세계 어디든 데려다줄 좋은 구두가 있다는 사실이 든든하다.

요즘은 개성 있는 옷차림을 허용하는 기업이 많아졌지만 아직도 몇몇 직업에는 엄격한 드레스 코드가 존재한다. 불합리해 보일 수도 있지만 그 나름대로 이유가 있다. 적어도 일하는 공간에서만큼은 드레스 코드를 따라야 한다. 쓸데없는 격식이라고 생각하지 말고 옷차림도 인격이고 나를 그 직업이 필요로하는 인격에 맞춰가는 과정이라고 생각하면 좋겠다. 옷차림을 잘 갖추는 것만으로도 그 인격에 훌쩍 가까워진다.

2장 일과 인격은 하나다

실력을 믿지 말고
준비를 믿어라

"통역하세요."

"예?"

"통역하셔야죠!"

"아… 종이가 어디 있죠? 펜이 없네요. 주제가 뭐죠?"

회의장에 앉아 있는 모든 사람이 나를 쳐다본다. '뭐 저런 한심한 여자가 있나? 통역을 맡겼는데 아무 준비도 없이 들어오다니'라는 눈치다. 영어가 귓가에서 들리는데 나는 한마디도 알아들을 수가 없다. 등에서 땀이 흐르고 몸이 빳빳하게 굳는다. 그 순간, 아득해진다. 아. 꿈이었다. 겨우 정신을 차리고 안도의 한숨을 내쉰다.

_30년에 걸쳐 깨달은 일의 원칙

미국 대사관에서 3년을 일하고서 프리랜서로 독립했다. 매일 출근하는 직장인에서 일이 있을 때만 외출하는 자유직으로 바뀌니 좀 더 여유가 있을 거라고 생각했는데 오산이었다. 지금까지 익숙했던 경제, 국제통상, 외교 등의 주제를 넘어 세상의 모든 다양한 전문 분야를 통역하게 됐다. 법률, 의학, IT, 보험, 국방, 군사, 교육, 금융, 보험, 회계, 마케팅, 교통에 이르기까지 너무나 생소한 분야의 통역을 맡으니 겁이 나고 정신이 번쩍 들었다. 매일 공부하고 준비하지 않으면 다음 날 통역을 망치고 만다. 그때부터였던 것 같다. 내가 악몽을 꾸게 된 것은.

내가 악몽을 꾸는 건 아주 가끔이다. 사실 나는 잠을 참 잘 잔다. 밤 12시쯤 침대에 누우면 30초 만에 골아떨어지고 누가 업어 가도 모를 정도로 깊게 잘 잔다. 아주 가끔 시간이 모자라 공부가 부족하거나, 행사의 규모가 커서 압박감이 심할 때 주로 악몽을 꾼다. 악몽에도 여러 가지 레퍼토리가 있을 텐데, 나의 악몽은 늘 똑같다. 준비가 안 된 채로 통역 현장에 있는 것. 어쩌면 평소 가장 두려워하는 상황이기에 이런 악몽을 꾸는 것 같다.

모든 일이 그렇지만 특히 통역은 준비가 전부다. 영어 실력 하나로 들리는 모든 문장을 다 이해하고 술술 통역할 수 있다면 얼마나 좋을까? 그러나 현실에서는 준비 없이 아무것도 할

2장 일과 인격은 하나다

수 없다. 분야별로 필요한 배경지식, 전문용어를 알아야 하고 회의의 흐름, 연사의 발표 내용 등을 미리 파악해 문장을 만들어가야 한다. 이런 준비가 부족하면 배우가 대사를 다 외우지 않고 무대 위에 올라가는 것과 똑같다. 그러면 나는 공연을 망칠 것이고 많은 사람들 앞에서 망신을 당할 것이다.

◇ ◇ ◇

프리랜서가 되고 몇 달 후 IMF가 터졌다. 그때 많은 기업들이 구조조정을 하면서 맥킨지나 보스턴컨설팅그룹 같은 유명 컨설팅 전문회사의 자문을 받았다.

어느 날 한 기업의 경영자문 회의에 동시통역을 나갔는데 외국 컨설턴트가 말하는 중에 '레이오프'layoff라는 단어를 언급했다. 이 단어가 경영 상태가 나쁠 때 직원을 대량 정리해고하는 것임을 알고는 있는데 갑자기 한국어 단어가 생각나지 않았다. 전날 준비할 때 아는 단어라고 생각하고 확인을 하지 않았던 것이다.

하는 수 없이 의미를 풀어서 "기업 구조조정을 위해 직원을 대량으로 자르는 것"이라고 급하게 통역을 했다. 쉬는 시간이 돼서야 '정리해고'라는 단어가 떠올랐다. 그때 경영진 중 한 명이 통역부스로 오더니 "오늘 통역이 정말 살벌하네요"라고 뼈 있는 농담을 던졌다. 정말 쥐구멍에 들어가고 싶을 만큼 창피했다.

한번은 중요한 행사에 순차통역을 나갔다. VIP들이 아주 많이 초대된 대형 행사였는데, 귀빈들을 소개하는 와중에 내가 아주 높은 분의 성함과 직함을 잘못 말하고 말았다. 행사를 주최하는 기관의 기관장이니 주인공이나 마찬가지인데 그 이름을 잘못 발음하는 치명적 실수를 저지른 것이다. 여지없이 쉬는 시간에 실무자가 다가오더니 크게 화를 냈다.

"뭡니까? 그런 실수를 하면 어떡합니까? 통역사가 행사를 망칠 작정입니까? 어떻게 책임지실 거예요?"

나는 "죄송합니다, 죄송합니다"라며 한참 사과를 했지만 실무자는 화가 안 풀리는 것 같았다.

"정말 죄송합니다. 제가 어떻게 하면 될까요? 제가 실수를 했다고 청중에게 말씀드리고 이름을 바로잡겠습니다. 그리고 그분께 가서 직접 사과를 드리겠습니다."

그러자 그분이 이렇게 말했다.

"다 필요 없습니다. 통역료를 받지 마세요. 제일 중요한 분 이름을 실수하셨으니 통역료를 지불할 수 없습니다."

그의 말대로 정말로 통역료는 입금되지 않았다. 부산까지 기차를 타고 내려갔는데 교통비도 지급되지 않았다.

　　　　　　　　2장 일과 인격은 하나다

그때는 억울한 마음도 있었지만 이제는 충분히 이해한다. 실무자들에게 그런 큰 행사는 업무 능력을 테스트받는 순간이나 마찬가지다. 그분들 입장에서는 내가 너무나 끔찍한 실수를 저지른 게 분명하다.

이후로 나는 행사의 내용뿐 아니라 참가하는 분들의 이름과 직함, 이력 등을 한국어와 영어로 재차 확인하는 습관을 갖게 됐다. 외국 인사들의 경우 국적이 다양해 영어 표기만으로는 발음을 정확히 알기 어려울 때가 많다. 이런 경우는 에이전시나 클라이언트 측의 행사 실무자에게 부탁해 최대한 미리 알아냈다. 그 덕분에 이름과 관련해 실수하는 일은 그후로 단 한 번도 없었다. 통역료를 떼인 대신 엄청난 가르침을 받은 셈이다.

◇ ◇ ◇

아주 가끔씩 준비가 부족한 상태로 통역부스에 들어오는 통역사들 때문에 당황할 때가 있다. 그런 통역사들을 보면 아마도 영어를 알 만큼 알고 신문도 늘 읽으니까 평소 실력으로 잘될 거라는 마음인 듯하다.

하지만 통역에 요행은 없다. 경력이 많아도 마찬가지다. 늘 분야가 달라지고, 또 같은 분야라도 주제가 달라지기 때문에,

준비를 단단히 하지 않으면 아무리 화려한 경력도 아무 소용이 없어지는 순간이 찾아온다. 그래서 통역사들은 고3 수험생처럼 늘 미친 듯 뭔가를 공부한다. 어쩌면 단시간에 전문지식을 습득하고 그에 필요한 용어를 익히는 기술만큼은 통역사들이 최고일 것이다.

통역은 시간에 따라 정해진 요율로 보수를 받는 탓에 일하는 시간만 따져 많은 보수를 받는다고 생각하기 쉽다. 하지만 단 두 시간 회의를 위해 통역사는 몇 배의 시간을 준비해야 한다. 의학이나 과학기술, IT 기술 같은 생소한 분야라면 관련 자료를 넘겨받아 일주일 이상 공부해야 하는 경우도 있다. 이렇게 하지 않으면 아무리 경력이 많은 통역사라 해도 버벅대고 실수를 할 수밖에 없다.

나는 가르치는 학생들에게 나의 실수담을 자주 이야기해준다. 통역의 세계에서는 단 0.1퍼센트 실수만으로도 그동안 쌓아 올린 99.9퍼센트의 공든 탑이 와르르 무너지곤 한다. 그렇게 한번 무너지면 평판이 추락해 어떤 회의에서도 불러주지 않는 불상사로 이어지기도 한다. 그러니 실력은 너무나 당연한 전제조건이다. 그리고 실력 이상의 노력, 철저한 준비로 무장하지 않으면 살아남을 수 없는 세계가 바로 통역이라는 분야다.

미셸 오바마 전 미국 영부인이 자서전에서 한 말은 정말 진

2장 일과 인격은 하나다

실이다.

"There is no magic to achievement. It is really about hard work, choices and persistence." 성공에 마법은 없습니다. 노력, 선택, 꾸준함이 있을 뿐입니다.

타인의 영역을 존중하라

프리랜서가 된 후 나에게 새로운 거래처가 생겼다. 바로 통역 에이전시다. 인하우스 통역사는 소속 직장 내에서 필요한 통역 업무를 하기 때문에 통역 에이전시와 부딪칠 일이 전혀 없다. 반면에 프리랜서 통역사는 어디선가 일을 의뢰해줘야 통역을 나갈 수 있다. 그러니 일감을 주는 주 거래처가 바로 통역 에이전시다.

사실 나는 상공부와 미 대사관을 다니는 동안에도 주말이나 휴가를 이용해 통역을 나가곤 했었다. 그때는 주로 내가 졸업한 한국외국어대 통번역센터에서 일을 줬다. 통번역대학원이 있는 대학은 모두 통번역센터도 함께 운영한다. 교수, 졸업생, 재학생이 모두 여기에 등록된 통역사라고 말할 수 있다. 통역 의뢰가 오면 행사의 규모와 성격에 따라 교수가 직접 통역을 나가기도 하고 졸업생, 재학생이 나가기도 한다.

하지만 본격적으로 프리랜서로 활동하려면 이것만으로는 부족하다. 일을 더 많이 맡으려면 사설 통역 에이전시나 행사를 기획하는 기획사PCO에서 일을 받아야 한다. 나는 지인의 소개 덕분에 순식간에 아주 바쁜 통역사가 됐다.

◇ ◇ ◇

프리랜서가 된 지 얼마 되지 않았던 어느 날, 당시 가장 잘 나가는 통역 에이전시로부터 동시통역을 의뢰받았다. 그런데 아무리 기다리고 재촉해도 연사의 발표자료를 보내주지 않았다. 행사 날짜는 다가오는데 발표자료가 없으니 속이 타들어갔다. 마침 프로그램을 보니 발표 연사가 상공부에서 함께 일하며 잘 알던 분이어서 그분께 직접 연락했다. 그러고는 에이전시가 자료를 주지 않아 연락을 드렸다고 하자 그분이 놀라워했다.

"이상한 사람들이네! 자료를 준 지가 언제인데 통역사에게 전달을 안 했답니까? 내가 전화 한 통 해야겠네요."

그분의 도움으로 나는 곧바로 자료를 받았고 마음 편하게 준비를 할 수 있었다. 그런데 그날 밤, 통역 에이전시 대표에게서 전화가 왔다. 목소리가 격앙돼 있었다.

"정말 너무하십니다. 통역사가 연사에게 직접 연락하는 법이 어디 있어요? 연사가 주최 측에 항의하게 만들면 우리 에이전시 꼴이 뭐가 됩니까?"

알고 보니 그분이 내 전화를 받은 후 정말로 회의 주최 기관에 전화를 해서 혼쭐을 낸 것이었다. 다시 주최 기관은 행사 대행사에 항의를 하고, 대행사는 통역 에이전시에 항의를 하는 연쇄작용이 일어났던 것이다. 그분 나름대로 내 체면을 세워주려고 한 것일 테지만 주최 기관과 에이전시는 풍비박산이 난 것이다.

하지만 당시의 나는 이제 막 프리랜서로 독립한 자존심 강한 20대였다. 행사 코앞까지 자료를 챙겨주지도 않았으면서 되레 통역사에게 화를 내는 에이전시 대표가 적반하장이라고 생각했다. 나도 지지 않고 되받아쳤다.

"제가 한두 번 요청 드린 게 아니잖아요. 자료를 받아놓고도 안 주는데 제가 어떻게 계속 기다리기만 합니까? 통역을 잘하고 싶어서 그런 거예요. 자료가 있어야 준비를 하죠."

이렇게 한바탕하고서 전화를 끊었다. 며칠 후 행사를 무사

2장 일과 인격은 하나다

히 치르긴 했지만, 이후 당시 가장 잘나가던 그 에이전시로부터는 두 번 다시 통역 의뢰를 받지 못했다. 요즘 말로 '손절'당한 것이다.

그때는 무엇을 더 중요하게 생각해야 하는지 몰랐다. 회의자료를 확보한다는 것, 그것만 중요했다. 자료를 챙겨주지 않은 쪽은 에이전시이고, 나는 의뢰받은 통역을 잘해내기 위해 자료를 직접 구한 것이므로 아무 문제 될 것이 없다고 생각했다. 하지만 시간이 지나면서 서서히 깨닫기 시작했다. 나의 행동은 상도덕에 어긋난 것이었다.

◇ ◇ ◇

통역 에이전시에게는 늘 거래하는 클라이언트가 있다. 기업이나 기관도 클라이언트이지만 국제회의를 진행하는 행사대행사PCO가 그들의 가장 큰 클라이언트다. 예를 들어 대형 국제회의는 며칠에 걸쳐 다양한 프로그램이 열리기 때문에 주관사가 일일이 직접 진행하기 어렵다. 그래서 행사를 대행하는 업체에 진행을 위탁한다. 행사 대행사는 주관사로부터 예산을 받아 장소선정, 조명, 음향, 통역장비, 통역사, 축가를 부를 가수나 연주자 섭외 등 행사에 필요한 모든 업무를 대행한다. 이런 대행사들은 한꺼번에 몇 천에서 몇 억 원 단위의 통역을 의

_30년에 걸쳐 깨달은 일의 원칙

뢰하기 때문에 에이전시에게는 매우 중요한 클라이언트다.

그런데 나의 전화 한 통이 그 에이전시의 명성에 먹칠을 한 것이다. 한마디로 에이전시가 그토록 소중하게 관리해온 클라이언트와의 관계에 균열을 일으킨 것이다. 내가 손절당한 것처럼 에이전시도 그 대행사로부터 손절을 당했을 수도 있다. 정말 그랬다면 그것은 어마어마한 매출의 손실로 이어질 일이다. 작은 에이전시라면 경영 상태가 휘청일 수도 있는 일이다.

패기 넘치던 젊은 시절에는 큰 그림이 보이지 않았다. 내 사정, 내 권리만 중요했다. 하지만 내가 아무리 옳다 해도 해서는 안 되는 일이 있다. 특히 다른 사람들의 영역만큼은 침범해서는 안 된다. 내 영역을 존중받기 원하는 것처럼, 다른 사람의 영역을 존중해야 한다.

◇ ◇ ◇

시간이 한참 흘러 내가 서울외국어대학원대학교 통번역대학원 교수가 되고 직접 서울외대 통번역센터의 센터장을 맡고 보니 에이전시의 입장을 더욱 이해할 수 있게 됐다.

간혹 나도 센터장으로서 기업이나 대행사로부터 항의를 받는다. 통역사의 옷차림이 품위가 없었다거나 동시통역이 매끄럽지 않았다거나 격이 떨어지는 단어를 사용해 행사의 품위

2장 일과 인격은 하나다

키 큰 풀이 반사된 수련(1914~1917), 클로드 모네

에 손상을 입혔다는 등의 항의를 받는다. 이럴 때는 정말 진땀을 흘릴 수밖에 없다. 한번 항의를 받으면 그 클라이언트로부터 다시 의뢰를 받게 되기까지 시간이 꽤 걸리는 경우도 있다. 신뢰를 지켜나간다는 것은 그만큼 어려운 일이다. 마치 단 한 발을 잘못 디디면 깨져버리는 살얼음판 위에서 타는 스케이팅과도 같다.

실제로 서울외대 통번역센터 보직을 맡은 후 사설 에이전시로부터의 통역 의뢰가 한동안 뚝 끊긴 적이 있었다. 사설 에이전시의 가장 큰 경쟁 상대가 통번역대학원의 통번역센터이니, 임종령에게 통역을 의뢰하면 고객을 다 빼앗아 갈 것이라고 소문이 난 것이다. 말도 안 되는 오해였다. 통번역센터는 내 개인 회사가 아니라 보직일 뿐이라 내가 영업을 하는 일은 결코 없다. 통역 의뢰가 들어오면 적절한 통역사를 선정해 이어줄 뿐이다. 하지만 10년 넘게 거래해온 에이전시들이 소문의 영향으로 단칼에 연락을 끊는 것을 보며 한동안 너무 서운하고 속상했다.

하지만 그럴수록 나는 내 일에만 집중했다. 나는 통역을 나가면 화장실 가는 시간 외엔 통역부스 밖으로는 웬만하면 나오지 않는다. 더욱이 행사 대행사나 연사, 통역장비 엔지니어들과 기본적인 소통만 할 뿐, 행사에 참석한 VIP들이나 기업 관계자, 주관사 담당자 등과는 눈도 마주치지 않는다.

간혹 통역부스로 찾아와 명함을 건네며 사설 통역 에이전시를 거치지 않고 직접 통역을 의뢰하고 싶다고 제안하는 분들이 있다. 이렇게 직거래를 하면 수수료를 내지 않아도 되니 상당히 많은 통역사가 직거래 고객을 선호한다. 하지만 나는 그런 분들에게 에이전시를 통해 의뢰하시라고 정중하게 말씀드린다. 한번 에이전시를 통해 알게 된 고객은 끝까지 에이전시를 통해 일한다는 것이 내 원칙이기 때문이다. 만약 내가 고객과 직거래를 한다면 에이전시의 고객을 훔치는 절도 행위를 하는 것이나 마찬가지다.

통번역센터를 통해 들어온 의뢰이건, 사설 에이전시를 통해 들어온 의뢰이건 나는 고객을 절대 훔치지 않는다. 철저하게 원칙을 지키며 행동하자 사설 에이전시들도 서서히 마음을 열기 시작했다. 그런 나의 진심이 통했는지, 그리고 지나간 일들의 오해를 풀었는지 지금은 고맙게도 많은 사설 에이전시에서 나를 찾아준다.

◇ ◇ ◇

고객과의 관계, 그리고 타인의 영역을 침범하지 말아야 한다는 원칙은 언제 어디서든 지켜야 하는 기본자세다. 가끔 이

_30년에 걸쳐 깨달은 일의 원칙

러한 원칙을 무시한 채 통역 현장에서 인맥 만들기에 바쁜 통역사들을 볼 때면 마음이 복잡해진다. 행사 시작 두 시간 전에 와서 통역 준비는 하지도 않은 채 행사 대행사, 주최기관, 기업 관계자 등을 찾아다니며 명함을 돌리는 통역사들이 많다. 심지어 식사 시간에도 통역부스 안에서 조용히 식사하는 것이 아니라 대행사나 주최기관 사람들과 어울리느라 바쁘다. 스스로는 프리랜서 통역사로서 열심히 자기 홍보를 하고 영업을 하는 것이라 생각하겠지만, 이것은 비윤리적인 행동이다. 다른 사람의 영업장에서 영업을 하는 것은 대놓고 고객을 훔치는 행위일 뿐이다.

상도덕을 위반하는 통역사들이 많아져 걱정이라는 에이전시들의 푸념이 심심찮게 들려오는 건 아마도 시대가 바뀐 탓도 있는 듯하다. 젊은 통역사들은 개인주의가 강하고 경쟁에 익숙하다. 삶 자체가 경쟁이기 때문에 고객을 빼앗기는 사람이 바보일 뿐, 자신이 고객을 빼앗는 게 나쁘다고 생각하지 않는 것 같다. 하지만 근시안적인 생각이다. 에이전시를 제치고 자기 고객을 늘리면 당장은 이익일 것 같아도 멀리 내다보면 오히려 손해다.

세상은 점점 전문화·분업화돼간다. 자신이 아는 인맥에 의지하기보다 다양한 상황에 맞는 가장 적합한 통역사를 찾기 위해 에이전시에 의뢰하는 경향이 짙어지고 있다. 그만큼 에이전시의 신뢰를 얻는 것이 통역사에겐 매우 중요하다. 또 에이전시 입장에서는 맡은 일을 똑 부러지게 해내고 개념 있게 행동하는 통역사를 선호할 수밖에 없다. 자신이 맡은 책임보다 영업에 여념이 없는 통역사가 예뻐 보일 리 없다. 그 순간에는 자기 고객을 한 명 늘릴 수 있을지 몰라도 에이전시들에게는 기피 인물이 되고 말 것이다. 심하게는 오히려 통역 의뢰가 줄어드는 결과를 낳고 만다.

"빨리 가려면 혼자 가고 멀리 가려면 함께 가라"라는 말이 있다. 어느 세상에도 혼자 가는 길은 없다. 스스로 혼자 가는 길이라고 생각한다 해도 사실 수많은 사람이 함께 가고 있는 것이다. 자신의 주변에서 늘 도움을 줄 수 있는 조력자, 친구, 동반자를 많이 만들어야 한다. 생각보다 어렵지 않다. 내가 그들의 영역을 존중하기만 하면 그들도 내 영역을 존중해줄 것이다.

_30년에 걸쳐 깨달은 일의 원칙

남이 못한다고
내가 돋보이지 않는다

어느 행사의 동시통역을 맡았을 때의 일이다. 연사가 자료를 절대로 미리 줄 수 없으니 행사 날 일찍 와서 설명을 들으라고 했다. 나는 한 시간 전에 도착해 연사를 찾아갔다. 그런데 연사가 "이미 다른 통역사에게 설명을 다 했습니다. 그분에게 들으세요"라고 말하는 것이었다.

나는 당황해 얼른 부스로 돌아와 그날의 파트너 통역사에게 말했다. 마침 내가 잘 아는 후배여서 내가 연사를 찾아가는 걸 보면서도 아무 말 하지 않은 것이 의아했다.

"내 연사가 너한테 설명을 다 했다면서? 그럼 네가 들은 거나한테 얘기해줘."

그러자 후배가 대답했다.

"제가 맡은 연사가 아닌데 저한테 설명해서 저도 당황했어요. 대충 들어서 기억이 안 나요."

말문이 막혔다. 자기 연사가 아니면 맡은 연사가 곧 올 것이니 기다려달라고 해야지 다 듣고 와서 제대로 안 들었다고 하니 당황스러웠다. 하지만 어쩔 수 없었다. 나는 자료를 들고 다시 연사를 찾아가 사정을 설명하고 몇 가지 용어와 문장을 빠르게 확인했다. 그날의 통역은 문제없이 해냈지만 이후로도 오랫동안 찝찝한 기분을 떨칠 수 없었다. 그 후배는 무슨 생각이었을까? 단순히 생각이 부족했던 걸까, 혹은 내 통역을 의도적으로 망치려고 했던 걸까?

동시통역에서 파트너와의 호흡은 정말 중요하다. 오랜 경력의 통역사들은 호흡의 중요성을 잘 안다. 그래서 파트너가 통역할 때에도 쉬지 않고 내용을 주의 깊게 들으면서 숫자, 고유명사 등을 적어주고 전문용어를 교정해주는 등 옆에서 보조 역할을 한다. 특히 질의응답이나 빠른 속도로 토론을 할 때에는 파트너와의 호흡이 절대적이다. 서로 질문과 답을 교차 통역하면서 파트너가 힘들어할 때는 대신 해주기도 하고, 용어가 헷갈려서 멈칫하는 순간 바로 종이에 써주기도 한다. 파트너의

_30년에 걸쳐 깨달은 일의 원칙

컨디션이 좋지 않으면 통째로 통역을 대신해주는 희생정신을 발휘하기도 한다. 이런 팀워크가 없으면 통역의 질은 보장되지 않는다.

◇ ◇ ◇

하지만 안타깝게도 현장에는 최악의 파트너가 존재한다. 오래전 학생 시절 교수님이 들려준 이야기다. 어느 날 오랫동안 일해온 기업의 행사에서 동시통역을 맡았다고 한다. 평소 열심히 하고 실력이 좋은 제자를 파트너로 함께 데려갔다고 한다. 교수님은 제자가 워낙 열심히 하고 성실해서 좋은 기회를 주고 싶었던 것이다. 그런데 그날 이 제자가 보여준 태도는 그야말로 배은망덕했다. 하필 그날 감기 기운으로 컨디션이 좋지 않아서 교수님이 통역을 하면서 조금 헤맸다고 한다. 큰 실수를 한 것도 아니어서 숫자를 틀려 얼른 바로잡거나 내용을 조금 누락하는 정도였다. 그런데 제자는 옆에서 도와주기는커녕, 갑자기 부스 밖으로 나가 화장실에 가거나 자기 파트가 돌아올 때까지 들어오지 않고 괜히 부스 주변을 서성거렸다고 한다. 교수님에겐 제자의 의도가 빤히 보였다고 한다. "지금 헤매는 통역사는 내가 아니에요. 나는 잘하는 통역사예요!"라고 알리려는 의도였던 것이다.

이 외에도 주변 통역사들로부터 파트너가 벌인 황당한 이야기를 많이 듣는다. 쉬는 시간에 굳이 통역을 맡긴 기업 실무자와 점심을 먹으면서 상대 파트너가 통역 실력이 떨어져서 자기가 도와주느라 힘들다고 푸념을 늘어놓는 경우, 잠시 자리를 비운 사이에 연사가 발표자료를 주고 갔는데 일부러 숨기고 주지 않은 경우도 있다. 심지어 연사가 통역을 시작하면서 다른 사람을 시켜 부스로 발표자료를 급하게 넣어줬는데, 파트너가 자료를 일부러 멀찍이 던져버려서 통역을 망치게 했다는 이야기도 들었다. 이미 마이크를 잡고 통역을 하고 있으니 일어서서 자료를 주으러 갈 수도 없고, 자료가 없으니 통역을 잘할 수도 없으니 완전히 악의적으로 물을 먹인 것이다.

◇ ◇ ◇

나의 경우 프리랜서 초기에는 에이전시가 정해주는 파트너를 그냥 받아들였다. 대부분 훌륭한 선배이고 좋은 후배였지만, 가끔 스타일이 너무 맞지 않아 괴로운 경우가 있었다.

너무나 감사하게도 나에게는 호흡이 찰떡같은 파트너가 한 명 있다. 우리는 서로 눈빛과 표정만 봐도 서로 어떤 상태인지 안다. 컨디션이 안 좋은지, 집중이 안 되는지, 갑자기 어떤 단어가 생각이 안 나서 당황했는지, 이런 걸 순식간에 파악해서 옆에서 도와준다. 이런 파트너와 함께 통역을 하면 서로 의지하면서 심적으로 안정이 되기 때문에 실력을 200퍼센트 발휘할 수 있다. 마치 전쟁터에서 서로를 지켜주는 전우 같다고 생각한다.

팀워크는 생명이다. 요즘은 화가, 소설가, 작곡가처럼 창의적인 예술 분야조차도 협업이 필수다. 모든 일은 함께 일해서 내놓은 결과로 말한다. 그러니 내 실력이 다른 멤버들보다 뛰어나다고 우쭐해할 것도 없고, 내가 더 잘했다는 걸 알리려고 뛰어다닐 필요도 없다. 남이 못하는 것으로 내가 돋보일 수 있다는 생각은 착각이다. 서로 돕고 배려하고, 필요하면 희생해서 좋은 결과를 만들어내는 것이 실력을 인정받는 가장 확실한 방법이다.

남을 다치게 하는 것보다는
내가 다치는 것이 낫다

　　오래전 VIP가 참석하는 아주 중요한 행사의 동시통역을 맡았을 때의 일이다. 두 시간 전에 현장에 도착했지만 인파가 몇천 명에 이르고 보안검색이 철저한 탓에 행사 시간이 임박해서야 겨우 부스 안으로 들어올 수 있었다. 숨을 돌리고 통역을 시작하려는데, 무대 위에서 상영되는 오프닝 인터뷰 동영상 소리가 통역부스 안까지 들어오지 않았다.

　　나는 놀란 마음에 얼른 뛰어나가 뒤쪽 음향 담당자들에게 소리가 안 들어오니 빨리 넣어달라 말씀드리고 다시 부스로 들어가 통역을 시작했다. 최대한 빨리 움직였지만, 초반 1분 정도를 통역하지 못했다. TV로 중계되는 엄청난 대규모 행사이고 VIP가 꼭 들어야 하는 내용인데, 몇 분짜리 인터뷰 동영상에서 초반 1분을 통째로 날려버린 것이다.

행사가 끝나고 나는 조직위에 불려 갔다. 조직위 측은 나에게 불만을 표시하며 사건 사유서를 제출하라고 했다. 사실 나에게는 두 가지 선택이 있었다. 하나는 내 실수라고 인정하고 사과하는 것, 다른 하나는 책임 소재를 정확히 따지는 것이었다. 물론 사전에 인터뷰 동영상이 있는지를 확인하지 못한 내 잘못도 있다. 하지만 엄밀히 말하자면 동영상 소리가 안 들어온 것은 통역장비 업체나 음향 담당자의 실수다. 무대 마이크 연결에만 신경 쓰고 동영상 연결에 신경을 쓰지 않았던 것이다. 혹은 오프닝 때 동영상을 튼다는 정보를 정확히 알리지 않은 조직위 탓일 수도 있다. 동영상이 나온다는 건 나도 금시초문이었으니 음향 업체에도 이것이 전달되지 않았을 것이다.

나는 자초지종을 얘기하고 내 책임을 피할 수 있었다. 하지만 이렇게 할 경우 어떤 일이 벌어질지 불 보듯 뻔했다. 음향 담당 업체가 똑같이 조직위에 불려 가서 사유서를 쓰고 곤욕을 치러야 하는 것이다. 심하면 이 일로 담당 엔지니어가 문책을 당할 수도 있다. 소문이 나서 다른 행사의 음향 설치를 맡지 못할 수도 있다. 만약 그런 일이 벌어진다면 마음이 편하지 않을

2장 일과 인격은 하나다

것 같았다. 그래서 나는 첫 번째를 선택했다. 모두 내 잘못이라고 거듭 사과하며 사유서를 쓰는 것으로 마무리했다.

며칠 후 음향 업체 대표에게 전화가 왔다. 자신을 대신해 내가 몰매를 맞아줘서 회사가 살 수 있었다며 엄청나게 고마워했다. 음향 업체들은 행사 하나라도 잘못 진행한 사실이 소문나면 일감이 뚝 끊기는데, 하마터면 회사 문을 닫을 뻔했다면서 대표가 거듭 고맙다고 말씀하셨다.

이 일로 나는 이 행사를 주최한 부처로부터 대략 1년 정도 통역 의뢰를 못 받았다. 아마도 중요한 행사에서 실수를 한 것에 대한 벌칙이었을 것이다. 하지만 1년간의 벌칙이 끝난 후 나는 다시 그 부처의 행사를 맡게 됐다. 해당 음향 업체도 계속 일을 맡아 성장해 지금까지도 승승장구하고 있다. 결과적으로 내가 좀 다치긴 했지만 잘 회복했고 다른 누구도 다치지 않았으니, 내가 했던 사과 중 가장 보람 있는 사과였다고 생각한다.

◇ ◇ ◇

통역을 하면서 정말 열심히 일하는 사람을 많이 만난다. 대중에게는 VIP와 연사, 그리고 그들을 밝히는 화려한 무대만 보이지만 그 무대를 만들기 위해 뒤에서 준비하는 사람들이 있다. 나 같은 통역사도 있고, 통역 에이전시도 있고, 통역장비 업

론 강의 별이 빛나는 밤(1888), 빈센트 반 고흐

체, 음향 업체, 조명 업체, 이벤트 업체, 그리고 모든 것을 총괄하는 대행사, 기획사도 있다.

자주 보는 대행사의 프로젝트 매니저들을 보면 행사를 준비하느라 거의 잠을 못 자서 행사 당일 날에는 얼굴이 완전히 삭아 있는 경우가 많다. 매년 한국에서 가장 큰 행사를 총괄 지휘하는 한 매니저는 건강에 이상이 왔는데도 병원에 갈 시간이 없어서 미루다가 행사를 마친 후 쓰러졌다고도 한다.

내게 자주 의뢰하는 통역 에이전시 담당자들도 마찬가지다. 대부분 휴일도 휴가도 없이 늦은 시간 새벽까지 통역 자료 챙겨주며 일한다. 또 통역사들이 실수해서 컴플레인이 들어오면 일일이 주최 측을 찾아다니며 사과하고, 통역사가 갑자기 일정을 변경하면 그걸 메우고자 사방팔방 전화를 한다. 그분들을 보면 오히려 통역 준비만 열심히 하면 되는 내 직업이 수월해 보일 정도다.

나와 관련된 한 명 한 명이 하루하루를 열심히 살고 있다. 그들의 노력을 아는 만큼 어떤 사고가 발생했을 때 되도록 그분들이 다치지 않도록 하고 싶어진다. 그래서 가급적 내 선에서 사과하고 책임질 수 있는 일이라면 더 이상 화살이 다른 사람에게 돌아가지 않도록 하려는 것이다.

　　　　　　　_30년에 걸쳐 깨달은 일의 원칙

◆ ◆ ◆

비단 나만 그렇게 생각하는 것이 아니었다. 나 역시 그분들의 보호를 받는다. 프리랜서 통역사로 몇 년을 일하고 나자 영어 사회도 자주 맡게 됐다. 영어 사회는 무대 위에 올라가서 영어로 행사를 진행하는 일이라서 통역과는 다른 준비가 필요하다. 행사 진행 절차를 알아야 하고, 중간중간 연사를 소개할 때 멘트를 잘 준비해야 하고, 의상, 화장, 헤어도 모두 신경 써야 한다. 무엇보다 무대 위에서 동선을 잘 다뤄야 하는 일이라 항상 몇 시간 전에 먼저 가서 나의 위치, 퇴장과 등장할 때의 방향, 걸음 속도, 조명 위치 등을 체크해야 한다.

한 행사장에서 영어 사회를 맡았던 그날도 일찍 가서 모든 것을 체크하고 행사를 시작했다. 나는 기조 연사를 소개한 후 무대 뒤로 갔다. 원래는 연사가 연설하는 동안 무대 뒤 간이 의자에 앉아서 대기해야 하는데, 그날따라 내가 대기하는 자리로 에어컨 바람이 직접 부는 바람에 너무 추웠다. 주변을 둘러보다 밖으로 통하는 문을 열고 복도로 나오니 좀 따뜻했다. 잠시 머물러야겠다는 생각에 복도에 의자를 두고 앉았다. 하지만 문을 닫아버리면 연사의 연설이 어떻게 진행되는지 체크할 수 없으니 문은 반쯤 열어뒀다. 잠시 후 연사의 연설이 끝났고, 나는 다시 무대 위로 올라가 진행을 계속했다.

2장 일과 인격은 하나다

아무것도 아니라고 생각했던 내 행동 때문에 문제가 벌어 졌다는 것을 나중에야 알았다. 내가 복도 쪽에 앉아 있는 동안 열어뒀던 문 사이로 한 줄기 햇빛이 무대 위를 비추고 있었던 것이다. 하필이면 연사의 오른쪽 얼굴에 햇빛이 비치는 바람에 그날 촬영한 사진 속 연사는 하나같이 아수라 백작처럼 나오고 말았다. 한쪽 얼굴은 환하게 밝고, 다른 한쪽 얼굴은 보이지 않 을 정도로 어둡게 사진이 찍힌 것이다.

　　기획사 측에서 다시 현장 점검을 한 후에야 무대 뒤쪽 문이 열려 있었고 통역사인 내가 저지른 일이라는 것이 밝혀졌다. 하지만 그분들은 통역사 탓이라고 해명하지도, 나에게 따로 항 의하지도 않았다. 나는 매니저에게 너무나 미안해 사과를 했 다. 지금이라도 당시 기조 연설을 하신 분의 사무실에 전화해 내 실수를 인정하고 바로잡겠다고 하자 기획사 매니저가 만류 하며 말했다.

　　"이미 지난 일인데 어쩌겠어요. 저희가 미리 체크하지 못한 탓도 있으니까 저희 잘못이 맞아요. 통역사님도 너무 자책하지 마세요."

　　세상은 이렇게 서로 도우며 사는 것이다. 나 하나 다치지 않겠다고 다른 사람에게 화살을 돌리면 그 사람이 더 크게 다 친다. 너그럽게 타인의 허물을 감싸면서 살면 다른 사람들도 내 허물을 감싸주기 마련이다. 어쩌면 나보다도 그들이 더 나를 보호해주고 있는지도 모른다.

2장 일과 인격은 하나다

직업에 따라오는
모든 괴로운 것들을 견뎌라

수년 전 국제회의의 순차통역을 위해 유럽 출장을 가게 됐다. 한국이 의장국이라서 밤에 도착하자마자 현지 임원들과 회의가 잡혀 있었다. 비행기 안에서도 자료를 보느라 한숨도 못 잤는데 짐도 못 풀고 자정까지 회의를 했다.

다음 날 일어나 조찬 미팅에서 통역을 하고 곧바로 오전 회의에 들어갔다. 점심시간에는 우리 대표단이 다른 나라 대표단과의 점심 미팅을 잡아놓아서 또 통역을 했다. 이후 오후 회의가 저녁 7시까지 진행됐고, 9시부터는 만찬이 진행됐다. 장소는 미슐랭 별을 몇 개나 받았다는 파리의 유명 식당이었다.

10시, 11시, 12시… 새벽 1시가 되도록 만찬이 끝날 기미가 보이지 않았다. 잠시 졸았더니 대표단 의장이 눈치를 줬다. 이를 악물고 집중해서 통역을 겨우 마쳤다. 호텔로 돌아오니 새벽 3시였다. 잠을 못 잔 것도 힘들었지만 그 사이에 아무것도 먹지 못해 더 이상 버틸 수 없었다.

　　호텔 식사가 제공되고 미슐랭 식당에서 만찬을 하는데 아무것도 먹지 못했다니 말이 되는가 싶겠지만 사실이다. 통역사는 먹지 못한다. 누가 먹지 못하게 하는 것은 아니다. 음식을 먹으면서는 통역을 할 수 없기에 먹을 수가 없다.

　　통역사들은 먹는 것과 관련해 한 맺힌 것이 많다. 행사가 다 끝난 후 밥을 사준다 해서 따라갔는데 통역사가 통역은 하지 않고 밥만 먹었다며 나중에 클레임을 하는 경우가 대표적이다. 순수하게 밥을 사주는 줄 알고 따라갔다가 이런 클레임을 받으면 정말 서럽다. 그래서 통역사들은 되도록 클라이언트와 밥을 먹지 않는다.

　　만찬장에서 위스퍼링 통역이나 순차통역을 맡았을 때에도 조심해야 한다. 통역사가 테이블에 앉아 있으면 다른 사람들과 똑같이 음식을 서빙해주는 경우가 있는데, 그 음식을 먹었다가는 나중에 컴플레인을 받을 확률이 높다. 통역사가 음식을 먹으면서 통역을 해서 불쾌했다는 말을 들을 수 있고, 왜 통역사

　　　　　　　　2장 일과 인격은 하나다

가 그 비싼 코스 요리를 먹었냐며 클레임을 걸 수도 있다.

실제로 내 제자가 클레임을 받은 적이 있다. 한 만찬장에 통역을 나갔는데 자신이 앉은 자리 앞에 와인잔이 놓이고 와인을 채워줬다고 한다. 물론 전후 사정을 아는 제자는 마시지 않았지만 통역을 맡은 VIP가 자꾸 비싼 와인이니 남기지 말고 마시라며 권했다고 한다. 그래서 한 잔을 비웠더니 호텔 직원이 재빠르게 또 채워줬고, VIP가 또 계속 권해서 그것까지 마셨다고 한다. 아니나 다를까 다음 날 VIP의 비서가 통번역센터로 전화를 했다. 귀빈 테이블에만 제공된 비싼 와인을 통역사가 두 잔이나 마시는 법이 어디 있냐고 지적하고는 제자 교육을 제대로 시키라며 나에게 화를 냈다.

◇ ◇ ◇

식사와 관련해 여러 가지 일들을 직간접적으로 겪으면서, 나는 몇 가지 원칙을 세웠다. 동시통역을 맡은 날은 김밥이나 샌드위치를 꼭 챙겨 간다. 그리고 클라이언트와는 일하는 중에도 일을 마친 후에도 절대 함께 밥을 먹지 않는다. 만찬장에서 통역을 하는 날에는 미리 가서 호텔 직원에게 내 자리에 식기와 접시를 절대 놓지 말라고 부탁한다. 음료수나 와인도 절대 안 된다. 테이블에 아무것도 없어야 옆에서 자꾸 먹으라고 권하지도 않고 무엇보다 노트테이킹을 하기에도 훨씬 편하다.

하지만 앞서 얘기한 것처럼 회의가 계속 이어지는 해외 출장일 경우는 정말 난감할 때가 많았다. 통역 때문에 식사를 할 수 없는데 혼자서 식사할 시간도 챙겨주지 않으면 출장 기간 내내 쫄쫄 굶을 수밖에 없다. 특히 앞서 이야기한 유럽 출장은 정말 최악이었다. 집에 도착해서 체중을 재보니 4킬로그램이 빠져 있었다. 출장이 아니라 마치 극심한 다이어트 여행을 다녀온 기분이었다.

통역사의 고충을 모르는 사람들은 국제회의 통역사들이 해외여행도 많이 다니고 세계적인 리더들과 함께 근사한 식당에서 좋은 음식도 많이 먹을 거라고 생각한다. 하지만 사실 통역사들은 해외에서 좋은 것들을 누릴 시간도 여유도 없다. 심지어 통역을 하면서 거의 안 가본 나라가 없고 대한항공 마일리지만 180만 마일, 아시아나와 다른 외국 항공사를 합치면 200만 마일이 넘는다. 이런 내 사정을 알리 없는 누군가가 "어느 나라가 제일 좋았어요?" "어느 나라 추천하세요?"라고 물으면 할 말이 없다. 내가 본 것이라곤 그저 공항에서 호텔로 이동하면서 본 거리 풍경, 호텔 밖에서 리무진을 기다리며 잠시 느낀 도시 분위기 정도가 고작이기 때문이다. 그 외의 시간에는 낮이면 회의장에서 통역을 계속해야 하고 밤이면 호텔 방에서 다음 날

2장 일과 인격은 하나다

회의를 준비하다가 잠만 잤을 뿐이다. 미슐랭 별을 받은 식당도 수없이 가봤지만 음식을 먹어본 적은 단 한 번도 없다.

◇ ◇ ◇

나는 제자들에게 통역과 관련해 주의해야 할 것들을 끊임없이 들려준다. 통역사라는 직업이 보기와 달리 고충도 많고 육체적으로나 정신적으로 많은 애로 사항을 견뎌야 한다는 사실을 알리고 싶기 때문이다. 한창 통역사라는 꿈을 펼치고 있을 학생들에겐 듣기 좋은 이야기는 아닐 것이다. 적어도 국제회의 통역사라면 대우도 좋고 사회적으로도 알아주는 전문직인데 설마 그 정도 취급을 당할까 믿지 못하는 사람도 있는 것 같다. 하지만 이것이 바로 현재 통역사들이 겪고 있는 현실이다.

통역사라는 직업의 고충을 어느 정도 간접 경험으로 알게 됐다면 자신만의 원칙을 미리 만들어두는 것도 도움이 될 것이다. 예를 들어, 극심한 다이어트 여행을 경험한 이후 나는 쉴 시간을 조금도 주지 않고 일정 내내 통역을 시키는 행사를 피한다. 또 통역사에게 미리 자료를 챙겨주는 일을 대수롭지 않게 생각하고 심지어 그 중요성을 간과하는 업체, 통역 직후에 곧바로 회의 내용을 보고서로 작성해 제출해달라는 식의 황당한 요구를 하는 업체도 거절한다. 나는 학생들이 현장에 나가기 전에 이런 정보들을 잘 파악하고 미리 대비하기를 바란다. 조금이라도 덜 상처받고 오래 일할 수 있도록 말이다.

◇ ◇ ◇

어떤 좋은 직업이든 피치 못할 괴로운 이면이 있을 거라고 생각한다. 예를 들어 로열 패밀리들은 늘 좋은 옷을 입고 행사에 다니며 완벽한 모습을 보여주지만 결코 행복해 보이지 않는다. 사생활의 자유가 없고 늘 왕실의 규범에 맞춰 살아야 하는 삶이 얼마나 답답하겠는가.

자연 다큐멘터리를 찍는 감독이나 촬영기사는 또 어떤가. 영상 속에는 온통 멋진 대자연과 동물의 모습이 생생하게 담겨 있지만 그걸 찍기 위해서는 오지에서 추위, 더위, 벌레 등을 견디면서 오랜 시간을 기다려야 한다. 제대로 먹지도 씻지도 못하고 야외에서 텐트를 치고 며칠을 지내야 겨우 마음에 드는 장면을 건질 수 있다. 이런 고통을 견디지 않으면 훌륭한 다큐멘터리 감독이라는 타이틀을 얻을 수 없다.

나는 통역사를 선택했고 그에 딸려 오는 괴로운 것들을 기꺼이 견딘다. 사실 30년이 넘으니 이제는 기계 취급을 당해도, 부당한 일로 항의를 받아도, 상처 같은 건 받지 않는다. 출장 갈 때는 꼭 음식을 싸 가서 조금씩 먹으면서 컨디션을 관리한다. 사실 통역이 내게 주는 기쁨과 보람을 생각하면 이런 괴로움은 아무것도 아니다. 늘 새로운 분야를 공부하느라 가족과 느긋하게 시간을 보낼 수 없는 것도, 남편과 주말에 오붓하게 극장 한번 못 가본 것도 크게 아쉽지 않다. 그만큼 통역을 사랑하기에, 이 직업이 요구하는 모든 것을 받아들인다.

당당하게
내 권리를 요구하라

오래전에는 통역을 나가면 늘 파트너가 나보다 훨씬 위인 선배이거나 나와 비슷한 동년배였다. 이제는 후배들과 통역을 하는 일이 점점 많아지고, 내가 가르쳤던 제자들과 통역을 나 갈 때도 많다. 젊은 통역사들과 함께 일하면서 놀랄 때도 많고 아쉬울 때도 있지만, 한편으로는 내가 배워야 할 점도 많다.

젊은 통역사들은 특히 '공평'에 민감한 것 같다. 대표적으 로 그날 하루 통역할 분량을 50:50으로 정확히 나눠서 하고 싶 어 한다. 한 후배는 분초까지 알려주는 작은 시계를 들고 와서 부스 한가운데에 놓고 15분씩 정확하게 나눠서 통역하자고 한다. 나는 내용 단위로, 연사별로 나눠서 통역하는 데 익숙하기 때문에 시간 단위로 통역을 나누는 행동이 낯설기만 하다. 하지만 함께해야 하는 통역이니 되도록 맞춰주려고 노력한다.

한번은 지방 시민단체가 준비한 행사에 동시통역을 나갔다. 시민단체에서는 예산이 충분하지 않으니 통역료를 깎아줄 수 있냐고 요청을 해왔다. 다행히 에이전시에서 딱 잘라 거절했다고 한다. 그러자 이번에는 시간 초과에 따른 통역료를 줄 돈이 없다면서 최대 시간인 여섯 시간만 통역을 쓰겠다고 했다고 한다.

일반적으로 통역은 여섯 시간 단위로 기본 비용이 책정되고 여섯 시간 초과 시마다 추가 비용을 청구한다. 국제회의는 항상 연사들이 많고 질의응답과 토론이 길어지기 때문에 여섯 시간을 초과하는 경우가 많다. 이를 잘 알고 있는 에이전시 측에서는 주최 측에서 여섯 시간 안에 행사를 종료하겠다고 약속했으니 걱정하지 말라며 나에게 통역을 의뢰했다.

하지만 토론이 열띠게 이어지더니 결국 예정된 시간을 넘기고 말았다. 그때 마침 파트너가 통역을 하고 있었는데 갑자기 마이크에 대고 청중들에게 한국어와 영어로 이렇게 말했다.

"통역 계약 시간이 종료됐습니다. 지금부터는 통역을 하지 않겠습니다."

_30년에 걸쳐 깨달은 일의 원칙

그러고는 파트너는 마이크를 뚝 꺼버렸다. 주최 측도 놀랐지만 나 역시도 너무 놀랐다. 어떡해야 할지 당황하는 내게 파트너가 말했다.

　　"선배님, 계약한 시간이 끝났으니 더 이상 통역하면 안 돼요. 클라이언트가 근로계약을 지키게 하려면 우리가 이렇게 단호하게 해야 해요."

　　결국 그날 토론의 나머지 10분 정도를 통역하지 못했다. 통역이 없으면 전혀 의사소통이 되지 않는 행사라서 나는 마음이 너무 불편했다. 하지만 계약한 시간만 통역한다는 파트너의 말이 옳았다. 클라이언트가 반드시 지키겠다고 약속한 것이었고 행사가 지연된다고 해서 돈을 받지 않고 초과 통역을 해야 할 의무는 없다.

　　이 일로 나는 젊은 통역사들의 일하는 방식을 눈여겨보게 됐다. 사실 내 방식은 올드스쿨old school, 즉 구식이다. 나는 권리를 당당하게 주장하고 대가를 요구하는 데 익숙하지 않다. 그래서 클라이언트의 무리한 요구도 들어준 적이 많다. 그런데 부당한 것들을 고치려는 젊은 통역사들의 노력들이 대단하다. 시대 분위기에 눌려 요구하는 것들을 묵묵히 수용해온 경험이 대부분인 내게 젊은 통역사들의 이런 행동은 신선한 자극을 준다. 그리고 당당하게 일하기 위한 행동이기에 그들의 모습이

2장 일과 인격은 하나다

안개 낀 바다 위의 방랑자(1817년경), 카스파르 프리드리히

대견스럽다.

◇ ◇ ◇

2000년대 중반의 일이 한 가지 떠오른다. 제주도 롯데 호텔에서 개최된 행사에 참석한 적이 있는데, 당시 주최 측이 통역사들에게 최고급 대우를 해준다면서 프레지덴셜 스위트presidential suite를 예약해줬다. 외국 귀빈이나 정상들이 묵는 고급 객실에 파트너 통역사와 함께 묵게 된 것이다.

당시 파트너는 한국외대 통번역대학원 겸임교수 시절 가르쳤던 제자였다. 제자와 함께 2박 3일을 한 장소에서 지내야 한다고 생각하니 조금 어색했다. 각자 방은 있었지만 거실 테이블에서 마주 앉아 회의를 준비하고 커피도 마시고 화장실도 가야 하는데, 한 공간에 있으니 꽤나 조심스러웠다.

몇 살 아래인 후배도 나와 비슷한 일을 겪었다. 어느 지방 중소기업에 순차통역을 나갔는데 그날 통역을 마치고 돌아오는 길에 대표가 "아주 좋은 숙소로 모시겠습니다"라면서 후배를 차에 태웠다. 대표가 직접 운전을 해서 데려간 곳은 놀랍게도 자신의 집이었다. 집에 도착하자 사모님이 격하게 환영을 하며 상다리가 부러지게 저녁상을 차려주고는 편히 쉬라면서 핑크색으로 꾸민 딸의 방까지 내어줬다.

후배는 자신을 졸졸 따라다니는 대표의 10대 자녀와 늦게까지 대화를 나누느라 다음 날 통역 준비는 고사하고 쌓인 피로도 풀지 못했다. 그날 저녁 내내 속으로는 눈물을 삼키며 겉으로는 즐거운 척, 고마운 척하며 웃을 수밖에 없었다고 한다.

자기 권리는 자기 자신이 챙겨야 한다. 좋은 사람인 척하며 받아들이고 넘어가면 세상은 변하지 않는다. 내 시간을 함부로 쉽게 생각하는 사람을 그냥 두고 넘어간다면 세상 모두가 계속 내 시간을 귀하지 않게 여길 것이다. 또 통역사에게 개인적인 공간이 반드시 필요하다는 점을 클라이언트들에게 계속 인식시키지 않으면 앞으로도 이런 일이 반복될 수밖에 없다.

사실 나조차도 클라이언트나 주최 측에 단호하게 요구하는 것을 아직도 잘 못한다. 지금은 무리한 요구를 하는 클라이언트를 미리 피하는 정도로 대처하고 있지만 나도 이제는 바뀌어야 한다는 사실을 안다. 권리는 누가 챙겨주는 것이 아니라 내가 챙기는 것이다.

_30년에 걸쳐 깨달은 일의 원칙

베테랑의 공부

3장

원하는 것을
내 손으로 얻어라

꿈을 이루는 열정의 태도

만약 자신이 하고 싶은 일이 있으나 재능이나 자질이 부족해서, 혹은 성격이 맞지 않아서 망설이는 사람이 있다면 꼭 말해 주고 싶다. 정말로 간절하게 그 일을 하고 싶다면 노력해 획득하라고. 완전히 나의 일부가 될 때까지 훈련하라고. 누구라도 충분히 할 수 있다.

영어에 콤플렉스가 있는
영어 통역사

영어 동시통역사라고 하면 다들 내가 미국이나 유럽에서 공부한 유학파라고 생각한다. 하지만 사실 나는 영어권 국가에서 체류한 경험이 전혀 없다. 은행 간부였던 아버지를 따라 10대 시절 4년 정도 외국 생활을 하긴 했지만, 영어와는 거리가 먼, 포르투갈어를 쓰는 브라질이었다. 그곳에서 4년 동안 현지 친구들과 신나게 어울리다 한국으로 돌아왔을 때, 나는 영어도 못하고 한국어도 못하는 아이가 돼 있었다.

서울 영동여고로 전학해 처음으로 치른 영어시험에서 나는 50점 만점에 34점을 맞았다. 영어를 잘하지도 못했지만 단

수, 복수, 시제, 관계대명사 등을 따지는 문법 위주의 시험이라 도무지 이해가 안 됐던 것이다. 영어 선생님이 담임이셨는데 방과 후 나를 부르시더니 "외국에서 살다 왔다면서 영어 성적이 왜 이 모양이니?"라며 야단을 쳤다. 외국이라고 다 영어만 쓰는 것이 아닌데 왜 내가 영어를 잘할 거라고 생각하는지, 나에게는 그게 더 이상했다.

국어 선생님도 독해가 전혀 안 되는 내가 딱했는지 매일 신문 사설을 읽고 요약하고 내 의견을 써 오라는 개인 교습을 해 줬다. 당시에는 신문에서 한자를 많이 쓰던 때라서 사설 하나를 읽으려면 국어사전과 옥편을 수십 차례 뒤져야 했다.

브라질에서 나는 현지 아이들과 아시아 아이들이 다니는 작은 국제학교를 다녔다. 수업만 영어로 진행할 뿐, 그 외 모든 시간에는 포르투갈어를 사용했다. 수업에서 사용하는 영어도 초등학교 수준의 기초 영어 정도였다. 그때는 브라질 친구들과 어울려 노느라 하루하루가 즐거웠지만, 지금 생각하면 시설도 초라하고 커리큘럼도 부실한 학교였다.

언니, 오빠와 달리 부모님은 왜 나만 이런 학교에 보냈을까? 아버지는 1980년 외환은행이 야심 차게 오픈한 브라질 상파울루 지점의 초대 지점장이었다. 지점장이니까 대우가 괜찮을 거라 생각했지만, 현지 물가를 충분히 파악하지 못한 탓에 월급이 적게 책정됐다는 것을 나중에야 알았다고 한다. 언니와 오빠는 입시를 앞두고 있으니까 무조건 좋은 학교에 보내야 했다. 그러고 나니 남은 돈으로 막내를 보낼 수 있는 영어 학교는 국제학교밖에 없었다는 사실을 한참 후에 부모님이 나에게 설명해주셨다.

귀국을 1년 정도 앞둔 시점에야 비로소 아버지 월급이 올라서 나도 드디어 미국인 학교를 다니게 됐다. 언니, 오빠가 다녔던 학교보다는 등급이 낮았지만, 큰 건물이 몇 채나 있고 학생 수도 제법 많은 가톨릭 학교였다. 두근두근 설레는 마음으로 전학을 갔는데, 등교 첫날부터 모르는 영어가 쏟아졌다. 하루는 선생님이 첫 교시가 '매스' 수업이라고 안내하자 다들 우르르 교실에서 나가는 것이었다.

'매스math? 수학 수업인데 왜 밖으로 나가는 거지?'

어리둥절하는 나에게 선생님이 "Go attend mass!"라면서 예배 시간이라고 알려줬다.

새 학교에서 유창한 영어 수업을 듣고 미국 아이들과 어울리게 됐지만, 내가 따라잡기에는 너무 벅찼다. 언어장벽 때문에 활달하던 내 성격도 점점 소심해졌다. 그렇게 영어에 주눅이 든 채로 브라질에서의 마지막 1년을 보냈다. 그리고 한국으로 돌아와서는 외국에서 살다 왔는데도 영어를 못하는 이상한

_ 꿈을 이루는 열정의 태도

아이로 찍혔다. 하지만 이때까지만 해도 영어를 유창하게 못하는 것이 내 인생 최대의 콤플렉스가 될 것이라고 생각조차 하지 못했다.

◆ ◆ ◆

내가 대학에서 영문학을 전공하기로 한 것은 영문학을 전공하신 어머님과 이모님의 권유와 많은 사람이 동경하는 전공 과목이었기 때문이다. 그러니 미래에 대한 구체적인 계획이 없는 상태에서 영문학을 전공한 것이나 마찬가지다.

그래도 대학을 다닐 때 공부를 열심히 해 성적이 좋은 편이었다. 대학 시절, 86아시안게임과 88올림픽이 개최돼 통역자원봉사자로 지원했을 때도 무수히 많은 지원자 중에서 영어가 좋다고 평가받아 선발되기도 했다. 대학교 4학년 때는 FIFA(국제축구연맹) 회장의 한국 방문이 내게 좋은 기회가 됐다. 한국축구협회 회장이던 대우그룹 회장이 브라질 사람인 FIFA 회장을 맞기 위해 포르투갈어를 할 줄 아는 사람을 찾았고 친척분의 소개로 FIFA 회장 방한 기간 동안 내가 포르투갈어 통역을 맡게 됐다. 그렇게 나는 주앙 아벨란제João Havelange 회장 부부를 수행하게 됐다. 늘 경찰 호송차가 우리 차를 호위했고 최고급 호텔에서 식사를 하며 VIP 대접을 받는 경험을 생전 처음 해보니 마음이 부풀었다. 철없던 시절, 통역사가 되면 늘 이런 대접을 받는 줄 알고 통역사를 직업으로 가져도 좋겠다는 마음이 조금 싹텄다.

마침 대학 졸업 후 진로를 고민하던 내게 아버지는 여성도 전문직으로 활동하는 시대가 온다고 말씀해주시며 한국외대 통역대학원에 입학해 통역사가 돼보라고 입학원서를 내미셨다. 그리고 열심히 공부하라는 뜻으로 당시 가장 좋은 영어사전도 선물로 사다 주셨다. 나는 내가 영어를 꽤 잘한다고 생각했기에 우연히 내게 찾아온 통역사라는 직업이 잘 맞을 것이라고 생각했다. 그렇게 나의 통역사로서의 꿈은 시작됐다.

통대 입시를 준비하기 위해 학원을 다니면서 처음에는 학원에서 들려주는 영어 뉴스가 전혀 이해가 되질 않아서 어려움에 빠지기도 했지만 이를 극복하기 위해 《33,000 Vocabulary》라는 책을 사서 반복해서 보고 또 봤다. 또 영어 뉴스와 신문을 보면서 잠자는 시간 외에는 영어 공부에만 몰두한 결과 통역대학원에 합격했다.

그렇게 나의 통역대학원 생활이 시작됐다. 하지만 학교생활을 시작한 지 며칠 되지 않아 나는 큰 충격에 빠졌다. 내가 자랑스럽게 생각하던 나의 영어는 한 순간 수치로 바뀌고 말았다. 통역대학원에서 내가 구사하던 영어는 영어가 아니었다.

_ 꿈을 이루는 열정의 태도

학교에는 미국에서 10년 넘게 살다 와서 영어가 한국말보다 더 편한 친구들이 수두룩했다. 그들은 〈타임〉Time이나 〈이코노미스트〉Economist에 나올 법한 고급 문장을 자연스럽게 술술 뱉는 수준이었다. 일상생활의 평범한 표현조차도 나와는 수준 차이가 있었다. 그들의 영어가 진정한 영어였다.

예를 들어 "나는 대안이 없어"라는 문장을 들으면 나는 영어로 "I don't have any option"이라고 통역한다. 그런데 원어민에 가까운 친구들은 "I am out of options"라고 통역했다. "그건 아직 결정되지 않았어"라는 문장을 나는 "It's not decided yet"이라고 말하는 반면, 원어민에 가까운 친구들은 "It's still up in the air"라고 옮겼다. 물론 내 영어로도 뜻은 통한다. 하지만 그들의 표현은 자연스러움 그 자체였다. 그들의 통역 수준을 보며 나는 평생 그들이 구사하는 영어를 할 수 없다는 것을 직감했다. 최초의 좌절을 맛본 순간이었다. 그 좌절은 결코 작지 않았다. 외국어로 영어를 공부한 사람은 결코 가질 수 없는, 원어민만의 동물적 감각이 내겐 없었다.

◇ ◇ ◇

처음에는 너무 절망스러웠다. 내가 아무리 열심히 해도 따라잡을 수 없다는 좌절감에 혼자 운 적도 많았다. 그럼에도 나는 오기와 희망으로 버텼다. 원어민은 아니지만 그들이 쓰는 표현들을 날마다 보면서 훈련하면, 그래도 언젠가는 비슷한 수준으로 영어를 할 수 있는 날이 오지 않을까 하는 마음으로 버티고 또 버텼다.

통역대학원을 다니는 2년 동안 나는 단 하루도 편안하게 살 수 없었다. 두 배 세 배 노력하지 않으면 원어민 친구들의 실력을 따라잡을 수 없으니, 눈뜨면서부터 잠들 때까지 하루 종일 영어에 매달렸다. 일어나자마자 영자신문을 읽고 주한미군이 주로 보던 AFKN 뉴스를 듣던 습관 때문에 요즘도 일어나면 아리랑 뉴스를 먼저 듣는다. 대학원 재학 시절에는 틈틈이 페이퍼백 소설을 읽었고 요즘에도 틈만 나면 오디오북을 하루도 빠지지 않고 듣는다. 원어민이 구사하는 영어다운 영어, 영어스러운 영어를 자유롭게 구사하려면 시사 표현뿐만 아니라 유행하는 새로운 표현, 길거리 생활 영어, 유머 코드까지 흡수해야 했다.

졸업 후 동시통역사로 일하면서도 나의 콤플렉스는 사라지지 않았다. 보통 원어민 출신의 동시통역사는 의뢰받은 분야의 배경지식과 전문용어 정도만 공부하면 통역하는 데 문제가 없다. 하지만 나는 그 분야의 기초 용어는 물론이고 진행에 필요한 간단한 문장까지 가장 영어다운 표현을 찾아서 준비해 가

_꿈을 이루는 열정의 태도

야 했다. 특히 국제회의에 어울리는 좀 더 품위 있는 표현, 격식을 갖춘 표현을 찾기 위해 노력했다.

한번은 삼성전자 홍보실의 의뢰로 외신 기자회견 통역을 맡았다. 외국 기자들 앞에서 임원들이 신제품을 소개하는 행사였는데, 영어를 자유자재로 구사하는 삼성전자 홍보실 직원들 앞에서 통역을 하자니 걱정이 앞섰다. 제품 관련 전문 용어, 기술적인 표현이라면 오히려 문제가 되지 않았다. 내가 걱정하는 건 일상에서 흔히 쓰는 표현들이었다.

'내 영어가 투박하고 촌스럽게 들리면 어쩌지?'

나는 걱정이 돼 발표회에서 나올 법한 모든 대화의 시나리오를 작성해 세련된 문장으로 만들어 가야만 했다. 그렇게 기자회견 직전까지도 표현을 외우고 있는데 홍보실 직원 한 분이 다가오더니 깜짝 놀라며 말했다.

"어머, 그런 것까지 외워요?"

그 순간 너무 창피했다. 영어가 모국어인 사람에게는 아무 의식 없이 입에서 당연하게 나오는 표현을 나는 노력해서 획득해야 한다는 사실에 마음이 아팠다. 하지만 어쩔 수 없다. 원어민이 아니면 그래야 한다.

　　　　　　　　3장 원하는 것을 내 손으로 얻어라

◆ ◆ ◆

내가 학생들을 가르치는 서울외국어대학교 통역대학원에도 순수 국내파 학생들이 많다. 이들 역시 유창하게 영어를 구사하는 몇몇 해외파 친구 앞에서는 주눅이 들 거라 생각된다. 나도 영어 콤플렉스로 설움을 많이 겪었기에 그들의 심정을 잘 안다.

그럴수록 나는 더 엄하게, 더 혹독하게 학생들을 가르친다. 첫 학기에 800쪽이 넘는 핵심 용어집 한 권을 강제로 외우게 해 시험을 보고, 매일 좋은 문장을 한국어와 영어로 1:1로 매칭시켜 몇 개씩 외우고 연설문도 통째로 암기하라고 한다. 실제로 하는 것처럼 통역을 해보고 그것을 듣고 교정하는 크리틱critic(비평의 뜻인데 여기서는 통역을 시킨 후 부족한 것을 조목조목 지적하는 교수법을 뜻한다)을 강하게 한다. 한번은 코로나19 팬데믹 기간 동안 내가 방문을 열어두고 화상 수업으로 학생들에게 신랄하게 크리틱을 퍼붓는 모습을 보고는 내 방 앞을 지나가던 둘째 딸이 기겁을 했다.

"엄마, 학생들한테 그렇게 심하게 말하면 어떡해? 나 같으면 너무 상처받아서 죽고 싶을 것 같아."

실제로 통역사가 된 한 제자는 졸업 후에 나를 찾아와 나 때문에 죽고 싶었다고 털어놓았다. 내가 일요일에도 공휴일에

_꿈을 이루는 열정의 태도

도 공부하라고 닦달하는 것은 물론이고, 크리스마스 직전까지도 외운 단어와 표현에 대한 시험을 보겠다고 했을 때 정말 죽고 싶은 심정이었다고 한다.

당시 그는 친구들과 함께 학교 건물 옥상에 올라가서 주차된 내 차를 내려다보며 이런 얘기를 나눴다고 한다.

"우리 지금 저기 있는 교수님 차 지붕 위로 뛰어내릴까? 교수님 차가 망가지고 우리도 다치거나 죽으면 교수님도 더 이상 우리한테 이렇게 심하게 하지 않으시겠지?"

그의 말을 듣고 너무 마음이 아팠다. 이후로는 크리스마스까지도 공부하라는 말은 더 이상 안 하기로 했다. 하지만 여전히 지독하고 끔찍하게 공부시키는, 숟가락을 들고 학생들에게 영어 단어와 표현을 강제로 떠먹이는, 지옥의 사자처럼 무시무시한 교수인 것은 사실이다.

◆ ◆ ◆

한편으로는 내가 영어에 콤플렉스가 있지 않았다면 이렇게 열심히 살았을까 하는 생각이 든다. 남들보다 두세 배 열심히 노력한 것은 내가 아무리 열심히 공부해도 부족했기 때문이다. 그것은 분명 콤플렉스 때문이었다. 그리고 아마도 나는 죽는 날까지 이 콤플렉스에서 벗어나지 못할 것이다. 콤플렉스 때문에 인생을 너무 힘들고 피곤하게 살았고 지금도 그렇게 살고 있지만, 그 덕분에 쉬지 않고 노력했고 내 한계를 뛰어넘는 성취의 기쁨을 누릴 수 있었다.

그런 의미에서 나는 콤플렉스에 감사한다. 브라질에서 어쩔 수 없는 사정으로 언니, 오빠만 최고로 좋은 미국 사립학교에 보내고 나를 현지인들이 다니는 작은 규모의 국제학교에 보낼 수밖에 없었던 부모님에게도 감사한다. 무엇보다 콤플렉스에 내 자신을 가두지 않고 계속 극복하려고 노력하는 내 자신에게도 고맙다.

〈플린스톤 가족〉The Flintstones이라는 60년대 인기 TV 만화 시리즈에서 주인공 캐릭터의 목소리를 연기한 앨런 리드Alan Reed라는 배우가 이런 말을 남겼다고 한다.

"An inferiority complex would be a blessing, if only the right people had it." 열등감 콤플렉스는 임자만 제대로 만난다면 축복이 될 것이다.

콤플렉스에는 아무 문제가 없다. 그것으로 무엇을 할지는 나 자신의 몫이다.

_꿈을 이루는 열정의 태도

임계점을 뛰어넘어라

내가 처음 대학원에서 통역을 가르치기 시작한 건 1997년, 내 나이 겨우 서른이었다. 당시 은사님께서 이제 인하우스 통역사로 7년 가까이 일했으니 그 경험으로 후배들에게 강의도 하고 프리랜서 통역사를 해보라면서 강의 기회를 주셨다. 처음에는 사실 망설였지만, 정부부처와 대사관에서의 내 경험이 학생들에게 큰 도움이 될 거라는 은사님 말씀에 용기를 냈다. 한국외대 통번역대학원에서 2년간 겸임교수로 일하면서 통번역센터 국제협력 실장도 맡았다.

막상 해보니 가르치는 일이 내 적성에 잘 맞았다. 내 경험을 아낌없이 나눌 수 있어 좋았고, 젊은 학생들의 에너지를 받는 것도 좋았다. 젊음이 얼마나 보석처럼 반짝이는지, 얼마나 즐겁고 아름다운 에너지인지 본인들은 잘 모를 것이다. 그렇게 4년 가까이 일하다가 둘째 출산을 앞두고 일산에서 이문동까지 만삭의 몸으로 출퇴근을 하는 것이 육체적으로 너무 힘들어서 그만두게 됐다.

다행히 몇 년 후 또 기회가 찾아왔다. 한 행사장에서 누군가가 내 명함을 받아갔는데 며칠 후 전화가 왔다. 통역대학원 설립을 준비하고 있다며 자문을 부탁한 것이다. 그렇게 몇 번 만나서 자문을 드리자, 아예 창립 멤버로 학교에 들어와달라는 제안을 주셨다. 이미 통역만으로도 너무 바쁜 인생을 보내고 있었지만 그렇다고 가르치는 즐거움을 포기하기에는 너무 아쉬웠다. 무엇보다 학생들에게 최대한 실전 통역 기회를 많이 주는 것이 커리큘럼의 일부라는 설립자의 철학은 물론, 이론이 아닌 정치외교, 경제, IT 등 통역에 직접적으로 필요한 지식을 전문적으로 교육시킨다는 방향이 마음에 들었다.

그렇게 해서 서울외국어대학원대학교 통번역대학원의 교수가 됐다. 2002년부터 준비해 2003년에 개교했으니 벌써 20년이 됐다. 통역대학원은 한국외대 아니면 이화여대로 인식이 돼 있어서 과연 신생 학교에 지원하는 학생이 있을지, 제대로 교육이 가능할지, 의심과 걱정의 시선이 많았다. 1기 학생이 입학한 후 나는 통역이 없을 때는 매일 학교에 와서 통역 연습을 하는 학생들을 한 명씩 돌봐줬다. 다행히 첫 졸업생들부터 결코 다른 통역대학원에 뒤지지 않은 훌륭한 통역사들을 배출해냈다. 혹독한 훈련과 탄탄한 커리큘럼 그리고 무수히 많은 통역 실습 기회로 소문이 난 덕분에 지금은 국제회의 통역사를 희망하는 학생들이라면 반드시 지원을 염두에 두는 통역대학원으로 성장했다.

20년이 정말 눈 깜짝할 사이에 지나갔다고 느끼는 것은 학생들과 보낸 시간이 너무나 열정적이고 뜨거웠기 때문일 것이다. 좋은 교수진과 커리큘럼이 있다고 해서 모두 좋은 학교가 되지는 않는다. 학생들이 그만큼 열심히 해주지 않았다면 지금처럼 성장할 수 없었을 것이다.

◇ ◇ ◇

아직도 잊을 수 없는 학생들이 있다. 특히 1기로 입학한 한 학생이 인상적이었다. 단어와 문법 실력은 괜찮은데 발음이 토종 한국인 발음이었다. 그대로는 통역사는커녕 통역대학원 졸업도 불가능해 보였다. 하는 수 없이 1학기가 끝날 무렵 그 학생을 조용히 불러서 다른 직업을 찾아보면 어떻겠냐고 조심스럽게 조언을 했다. 당사자에겐 냉정하게 들리겠지만 안 될 일에 시간을 낭비하는 것보다는 빨리 포기시키는 편이 나을 것 같았기 때문이다.

그런데 2학기가 돼 다시 만났을 때, 그 학생의 발음이 완전히 달라져 있었다. 통역부스에서 통역을 하는데 이어폰으로 들리는 목소리는 내가 아는 학생의 목소리와 똑같았지만 어설펐던 발음은 온데간데없이 사라지고 세련된 표준 발음으로 바뀌어 있었다. 내 조언을 듣고 방학 동안 이를 악물고 발음교정에 매달렸던 것이다. 사전에 수록된 모든 단어의 발음을 하나하나 들으면서 수백 번씩 반복하고 교정했다고 한다. 특히 단어마다 자음과 모음을 해체해서 마치 성악가가 노래를 부르기 전에 발성연습을 하듯이 큰 소리로 길게 발음연습을 한 것이 큰 도움이 됐다고 한다.

이 얘기를 듣고 너무 감동스러우면서도 부끄러웠다. 함부로 다른 길을 찾아보라고 조언했던 것이 너무 미안했다. 하지만 그 친구는 내가 극약 처방을 했기 때문에 더 노력할 수 있었다면서 오히려 고마워했다. 결국 이 제자는 졸업 후 믿고 맡길 수 있는 실력 있는 통역사로 성장했다. 지금 그 학생은 정말 좋은 직장에서 자신의 몫을 충분히 해내고 있다.

또 다른 1기 학생은 발음은 좋은데 영어 기초가 부족하고

_꿈을 이루는 열정의 태도

연기가 나는 불꽃을 가진 막달레나(1635~1637년), 조르주 드 라 투르

한국어 어휘도 부족했다. 나는 하루도 빠짐없이 영어 연설문이나 신문기사를 외우고 한국어 번역도 통째로 외우라고 조언했다. 영어도 영어지만 한국어의 고급 어휘를 모르면 통역이 불가능하기 때문이다. 이 학생은 정말로 1학년 초부터 2학년 졸업시험 전까지 내가 조언한 대로 실천했다. 단 하루도 빠짐없이 한국어 문장과 영어 문장을 1:1로 매칭해 하루에 몇 십 개씩 외웠다. 그 결과 졸업시험에서 거의 만점에 가까운 성적으로 수석 졸업을 한 뒤 한국 최고의 대기업 중 한 곳의 통역사가 됐다. 그 후 연이어 승진해 지금은 그 기업에서 투자자들을 대상으로 기업의 재무실적 현황에 대한 정보를 제공하고 기업을 홍보하는 IR Investor Relations 총괄 책임자가 됐다.

피나는 노력을 하면서 흔들림 없이 공부에 매진했던 제자들도 잊을 수 없다. 2년 내내 학교 근처 고시원에서 살았던 한 학생이 떠오른다. 그 학생은 고시원이 너무 답답하다며 새벽부터 자정까지 학교에서 공부를 하곤 했다. 그런데 하루는 발목에 깁스를 하고 학교에 나타났다. 자초지종을 묻자 고시원에서 졸음이 쫓기 위해 방을 맴돌며 영어 단어를 외우다가 발을 헛디뎠다고 했다. 평소의 노력 덕분인지 그 학생도 수석으로 졸업해 부산 시장의 전속 통역사로 활동했다. 지금은 프리랜서로 일하면서 우리 학교에서 겸임교수로 강의도 한다.

　　　　　_꿈을 이루는 열정의 태도

집안 형편 때문에 학자금 대출을 받고도 모자라 여러 장의 신용카드를 발급받아 돌려 막기를 하며 학비를 내던 학생도 있었다. 이 학생은 경제적으로 불안한 와중에도 좋은 성적을 유지했고, 2학년 여름방학 때 한 달간 통역 아르바이트를 열심히 해서 그 많던 카드빚의 상당 부분을 갚았다. 역시 우수한 성적으로 졸업하고 지금은 국제회의 통역사로 활발하게 일하고 있다. 통번역학 박사 학위도 따서 타 통역대학원에서 강의도 하고 어머님께 목돈을 용돈으로 드리고 해외여행도 보내드리는 등 여유로운 삶을 누리고 있다.

2년 내내 인천에서 매일 새벽 5시 첫 전철을 타고 학교에 와서 밤 11시 막차를 타고 집에 돌아가던 학생 두 명도 있다. 두 사람은 전철에서 보내는 시간을 단어와 문장을 외우는 시간으로 활용하더니 1학년을 마칠 즈음에는 모르는 단어가 거의 없는 수준이 됐다. 활용하는 표현이며 용어도 모두 사전 수준이었다. 이 학생도 통역사로, 겸임교수로 활발하게 활동하고 있다.

한 여학생은 공부할 시간이 아까워서 7년 사귄 남자 친구에게 졸업할 때까지 만나지 말자고 통보했다고 한다. 남자 친구가 펄펄 날뛰자 "나도 네가 군대 갔을 때 기다려줬지 않았냐. 여자 친구가 군대 갔다고 생각하고 너도 2년만 기다려달라"고

3장 원하는 것을 내 손으로 얻어라

했다고 한다. 남자 친구가 보고 싶다고 학교 앞까지 찾아오면 밥 먹는 시간 딱 10분만 얼굴을 보여주고 칼같이 잘라 보냈다고 한다. 그렇게 독하게 공부한 학생은 수석으로 졸업했다. 졸업 후 기다려준 남자 친구와 결혼을 했고 지금은 출산도 하고 통역사로 활발하게 일하고 있다.

◇ ◇ ◇

놀랍게도 내가 말한 학생들 모두 순수 국내파들이다. 해외파 학생들도 열심히 노력해 좋은 결과를 냈지만, 이들보다 더 노력해서 엄청나게 실력을 높이고 졸업 후 드라마틱한 성공을 보여준 것은 오히려 국내파 학생들이었다. 타고난 여건과 재능, 지능도 중요하지만 꾸준한 노력, 성실에 버금가는 힘은 결코 없다는 것을 학생들을 보면서 늘 확인한다.

이처럼 놀라운 인간 승리를 보여주는 학생들이 있기에, 나는 가르치는 일을 포기할 수가 없다. 사실 학생을 가르치는 일은 통역을 준비하는 것만큼이나 힘든 일이다. 매번 단어시험을 출제하고 채점을 해야 하고 통역 크리틱을 설계해야 한다. 통역 크리틱 과정은 그냥 아무 내용이나 들려주고 통역을 시키는 것이 아니다. 난이도와 주제에 맞춰 좋은 콘텐츠를 선정해야 하고, 학생들의 통역을 녹음해서 한 명 한 명 면담하면서 장단

_꿈을 이루는 열정의 태도

점을 지적하고 개선하도록 이끌어줘야 한다.

통역 업무가 많을 때는 수업과 병행하기가 너무 힘들어서 학교를 그만둬야 하나 고민한 적도 있었다. 하지만 무엇보다 학생들이 열정을 갖고 노력하는 모습이 너무 예뻐 멈출 수가 없었다. 또 그만큼 정부부처나 국내외 기업에 통역사로 취업하거나 국제회의 통역사가 돼 다양한 국제회의에서 동시통역을 하는 제자들이 늘어나는 것을 보는 기쁨이 상당했다. 아무리 내가 힘들어도 학생들의 성장을 보는 기쁨 때문에 힘을 내서 이 일을 계속하게 된다.

◇ ◇ ◇

한번은 《그릿GRIT》의 저자 앤절라 리 더크워스Angela Lee Duckworth의 강연을 동시통역한 적이 있다. 이 책은 전 세계에서 100만 부 이상, 한국에서도 50만 부 이상 팔린 베스트셀러다. 좋은 환경과 재능이 없어도 열정, 노력, 끈기로 얼마든지 극복할 수 있다는 메시지를 담고 있다.

강연 내용 중 가장 인상적이었던 것은 '임계점'critical point에 대한 그녀의 철학이었다. 원래 임계점은 물리에서 액체가 기체로 변화하기 직전에 두 상태가 공존할 수 있는 최대 온도를 말한다. 이 온도를 넘어서야 액체가 완전히 기체로 변화한다. 더

크워스는 노력하다 보면 도저히 진전이 없어 포기하고 싶은 위기가 찾아오는데 이것을 '임계점'이라고 표현했다.

대부분의 사람들은 임계점을 넘지 못하고 포기한다. 하지만 정말 끈질긴 사람들은 절대 포기하지 않고 집념grit을 발휘해 기필코 임계점을 뛰어넘고야 만다. 2천 번의 실패 끝에 전구를 발명한 에디슨, 800번의 실패를 통해 기어코 하늘을 나는 데 성공한 라이트 형제, 8번의 실패를 딛고 마침내 중국 최대 인터넷 상거래 기업으로 성공한 알리바바의 마윈 등 임계점을 뛰어넘은 사람만이 성공의 기쁨을 누릴 수 있다.

과연 나는 지금 어디에 있을까? 아직도 임계점에서 고군분투 중일까, 아니면 임계점 앞에서 포기하고 싶은 유혹을 느끼고 있을까? 지금 자신이 서 있는 위치에서 조금만 더 버텨보자. 곧 온도가 더 높아져 자신도 모르게 가벼운 기체가 되는 순간이 찾아올 것이다.

_ 꿈을 이루는 열정의 태도

비판 받는 순간이
가장 선명한 순간이다

　　몇 해 전, 유독 학교에 일찍 오고 늦게까지 공부하는 여학생 몇 명이 있어 이상하게 여겼다. 게다가 트레이닝 바지에 맨투맨 티셔츠를 마치 유니폼처럼 매일 입고 다니는 모습도 수상쩍었다. "너희들 혹시 합숙하니?"라고 물으니 학생들은 그제야 실토했다. 여학생 여섯 명이 학교 근처에 있는 작은 방을 월세로 얻어 함께 살고 있었던 것이다. 공부하느라 옷 갈아입고 자는 목적 외에는 거의 숙소에 가지도 않고 그 시간도 아까워 트레이닝복만 입고 양말도 거의 안 갈아 신는다는 말에 말문이 막혔다.

사실 그 학생들을 보면서 예전의 내 생각이 많이 났다. 나 역시 통역대학원 시절 집에서는 잠만 자고 하루 종일 학교에서 보냈기 때문이다. 트레이닝복은 아니었지만 나도 아침에 일어나서 뭘 입을까 고민하는 시간이 아까워서 매일 똑같이 머리를 질끈 묶고 티셔츠에 청바지만 입고 다녔다.

당시 한국외대 통역대학원은 인문대학 건물의 5층만 사용해 공간이 협소했다. 도서관도 강의실을 리모델링한 것이어서 매우 좁았고 서로 너무 친해서 공부보단 이야기를 나누느라 시간을 뺏기는 경우가 많았다. 나는 집중을 위해 늘 통역대학원에서 조금 떨어진 일반대학원 건물 도서관을 이용했다. 매일 아침 일찍 자리를 맡고서 수업시간과 통역 스터디가 끝나면 그 외의 시간은 늘 도서관에서 보냈다.

그곳에서는 하루 종일 영자신문과 잡지를 읽었다. 이어폰을 꽂은 채 단어와 표현도 끊임없이 외웠다. 졸음이 쏟아지거나 집중이 안 되면 건물 밖 잔디를 걷거나 복도와 계단을 오르락내리락하며 섀도잉shadowing(중얼거리며 들리는 대로 그림자처럼 말하는 학습법)을 했다.

일반 대학원 학생들은 그런 내 모습을 이상하게 생각한 듯했다. 수업에서는 한 번도 본 적 없는 여자가 화장도 하지 않은 민낯에 매일 같은 옷차림으로 도서관의 같은 자리에서 신문

_꿈을 이루는 열정의 태도

이나 잡지를 보고 있으니 말이다. 심지어 알 수 없는 말을 혼자 중얼거리며 계단과 복도를 왔다 갔다 하는 모습을 봤다면 그럴 법했을 것이다.

그런데 몇 년 후 후배 통역사를 통해 학교에 내 소식이 알려졌다는 말을 전해 들었다. 내가 정부부처 1호 통역사가 돼 언론의 조명을 받고 TV 인터뷰에도 나오고 일간지에도 얼굴을 비추자 그제야 도서관의 미친 여자에 대한 의문이 풀렸다고 한다.

◇ ◇ ◇

내가 소위 미친 사람처럼 공부하게 된 계기가 있다. 당시 한국외대 통역대학원에는 크리스텐센Christensen이라는 외국인 교수님이 있었다. 영어와 불어를 완벽하게 구사하는 분이었는데 평소에는 상냥하지만 수업에서는 정말 무섭도록 서늘한 면을 드러냈다. 특히 이분의 크리틱은 정말 유리조각으로 심장을 쏙 찌르는 것처럼 아팠다. 학생들이 통역을 하고 나면 교수님은 10초 정도 아무 말씀도 하지 않았다. 그 10초 동안 학생들은 심장이 쪼그라드는 공포를 느낀다. 그다음부터는 무시무시한 크리틱이 총알처럼 날아온다.

하루는 내 통역을 들은 후 교수님이 이렇게 말했다.

"그 영어로는 절대 통역사가 될 수 없어. 네가 내 학생이라는 게 창피하구나."

그러고는 창문을 드르륵 열더니 나에게 소리쳤다.

"내 교실에서 나가. 지금 당장 창문 밖으로 뛰어내려!"

통역이 마음에 들지 않을 때마다 학생들의 머리를 향해 분필을 날리는 교수님도 있었다. 나도 당연히 분필을 맞은 적이 있다. 피만 흘리지 않았을 뿐, 모든 수업이 마치 유혈이 낭자한 대학살장 같은 분위기였다.

교수님들이 너무 혹독하게 가르치는 탓에 학생들은 슬슬 수업을 피하기 시작했다. 한번은 열 명 남짓한 학생들이 모두 도망가버려 나와 나의 통역 크리틱 파트너 둘이서만 수업에 들어간 적도 있었다. 그도 스트레스를 너무 받았는지 수업 시작 전에 교실 문 앞에서 담배를 줄줄이 피웠다.

이상하게도 나는 교수님께 분필로 머리를 맞아도, 창피하니까 뛰어내리라는 말을 들어도 상처를 받기보다는 오히려 의지가 활활 타올랐다. 내가 해야 할 일이 그토록 선명하게 보였던 순간이 없었기 때문이다. 문제가 무엇인지, 내가 무엇을 해야 하는지가 명확하게 보였다. 다른 생각은 오히려 하나도 들지 않고 공부하고 싶은 생각만 간절했다.

통역대학원 시절을 생각하면 말 그대로 실성한 여자처럼 공부만 했다. 정말로 단 하루도 허투루 보낸 적이 없다고 자신있게 말할 수 있을 정도로 공부에 미쳐 있었다. 영어권에서 체류한 경험도 전혀 없고 영어 실력도 보잘것없었던 내가 국제회의 통역사가 될 수 있었던 것은 이러한 열정을 불태운 순간이 있었기 때문이다.

통역을 하며 어떤 일이 생겨도 큰 상처를 받지 않고 컴플레인을 받으면 오히려 더 적극적으로 대처하는 성격도 이때에 만들어졌다. 국제회의 통역사는 스트레스를 정말 많이 겪는 직업이다. 작은 실수 때문에 항의를 받는 일이 부지기수이고 억울한 일도 많이 당한다. 하지만 나는 강하게 교육받은 덕분에 쉽게 흔들리지 않을 수 있었다. 그리고 컴플레인을 받으면 깔끔하게 사과하고 오히려 더 개선할 기회를 내게 준 것이기에 감사하게 생각한다.

자신의 일과 관련한 문제가 무엇인지 모르고 지나가기보다는 문제가 무엇인지를 잘 파악하고 고칠 수 있을 때 발전할 수 있다. 다른 사람의 항의, 비판, 지적 등이 껄끄럽고 부끄럽고 싫다고 피하면 안 된다. 그런 이야기들을 귀담아들어야 내가 해야 할 일이 보인다.

◇ ◇ ◇

나의 통역 크리틱 파트너도 내겐 너무 고마운 존재였다.

통번역대학원에서는 교수님만 크리틱을 하는 것이 아니다. 학생들끼리도 짝을 지어 서로 통역연습을 하면서 크리틱을 한다. 크리틱을 하면 통역을 넓게 바라보는 시각을 가질 수 있고, 남의 문제점을 지적하면서 자신의 문제점도 객관적으로 볼 수 있다.

　나의 통역 파트너는 비록 스트레스로 얼굴이 까매질 정도로 담배를 피우긴 했지만, 수업에 절대로 빠지지 않는 열정적인 학생이었다. 특히 한국어 실력이 좋아서 내게 크리틱을 할 때면 한국어 표현이 부족하다는 지적을 많이 해줬다. 그 파트너가 "너는 나이가 몇 살인데 그런 표현도 몰라, 한국인 맞아?"라며 끊임없이 질타해준 덕분에 나는 매일 이를 갈며 신문 사설을 읽고 〈신동아〉라는 두꺼운 월간 잡지를 구독해서 시사 논평을 읽으며 한국어를 다졌다. 나의 한국어 실력은 그때 거의 완성된 셈이다. 어쩌면 2년간 나를 도와준 통역 스터디 파트너는 내 평생 은인이나 마찬가지다.

　내가 학생들의 통역을 크리틱할 때 신랄하게 하는 이유도 바로 그 때문이다. 비판은 어차피 아픈 것이다. 상대방이 듣기 좋게 말하고 돌려 말하면 전혀 도움이 되지 않는다. 어차피 아픈 것인 만큼 정확하게 예리하게 지적해줘야 한다. 학생들이 자신의 문제를 분명하게 깨달아야 개선할 수 있다.

다만 분필을 던지거나 창문 밖으로 뛰어내리라는 말은 하지 않는다. 사실 그런 극단적인 방법은 나도 좋아하지 않을뿐더러 요즘 학생들에게 맞지 않다. 지금은 오히려 신랄하게 비판은 하되 점점 나아지는 점들을 분명하게 칭찬해줘야 한다. 잘할 수 있다고 용기를 북돋아주는 말도 잊지 말아야 한다. 무섭게 비판하되, 상처를 주지 않는 것. 그것이 내 수업의 기본 정신이다.

일과 자아를 일치시켜라

통역대학원에 들어가고 첫 수업 시간 때 일이다. 1학년 학생 전원이 함께 듣는 교양과목인 '통번역입문' 수업이었다. 3월이라 아직 날이 추워 강의실 한가운데 연탄난로를 떼고 있었다. 교수님이 신문 기사 하나를 읽고는 갑자기 나를 지목했다.

"학생, 앞으로 나와서 지금 내가 읽은 기사를 정리해 얘기해보세요."

가슴이 쿵쾅거렸다. 많은 학생 앞에서 발표를 시키다니. 나는 덜덜 떨면서 연단 앞으로 나갔다. 교수님과 학생들 얼굴은 쳐다보지도 못하고 정리한 노트를 보면서 열심히 기사 내용을

_ 꿈을 이루는 열정의 태도

요약했다.

그런데 학생들이 키득키득 웃고 교수님도 연신 웃었다.

'뭐지? 내 발표가 그렇게 형편없었나?'

나는 너무 부끄러워서 고개를 더 푹 숙였다. 알고 보니 연단으로 나올 때 내가 입고 있던 스웨터가 연탄난로의 안전망에 걸리는 바람에 옆구리 쪽 실이 줄줄 풀렸던 것이다. 꼬리처럼 길게 털실을 달고 걸어 나와서 덜덜 떨며 발표를 하는 내 모습이 영락없는 코미디언처럼 웃겼던 것이다.

그날 교수님이 하셨던 말이 평생 기억에 남는다.

"통역사는 언어적 스킬 외에도 발성법, 떨지 않는 담대함이 필요하다."

그러면서 나에게 두 가지를 지적하셨다. 첫째, 목소리가 너무 작고 하이 피치high pitch, 즉 고음이다. 여자 아나운서들처럼 굵고 낮은 목소리로 만들라고 하셨다. 그리고 둘째, 절대 긴장하지 말아라. 긴장하더라도 남들이 보기에 긴장하지 않은 것처럼 연기를 할 줄 알아야 한다고 하셨다. 옷이 난로에 걸려 실이 줄줄 풀린 줄도 모른 채 통역을 해서는 절대 안 된다고 말이다.

굵고 낮은 목소리, 떨지 않는 담대함. 이 두 가지는 내가 단 한 번도 가져보지 못한 것들이었다. 그런데 내가 가지려는 직업의 필수 조건이라니!

3장 원하는 것을 내 손으로 얻어라

나는 어려서부터 천재니 수재니 하는 말을 듣는 언니와 오빠에게 주눅이 들어 살다 보니 자신감도 부족하고 성격도 소심했다. 이를 보다 못한 엄마가 나를 변화시키기 위해서 웅변학원에 보냈을 정도였다. 웅변학원을 다니긴 했어도 대회에 나가는 것은 너무 무서웠다. 심지어 대회 전날까지도 대회에 나가지 않으면 안 되느냐며 어머니 앞에서 울먹일 정도였다.

　　그런 내가 드디어 갖고 싶은 직업을 찾았는데, 하필 그 직업을 잘해내려면 떨지 않는 담대함과 우렁찬 목소리가 있어야 한단다. 눈앞이 아득해졌다.

　　생각해보면 너무 당연한 조건이다. 동시통역사는 기본적으로 말을 하는 사람이다. 연사의 말을 통역해 음성으로 전달해야 한다. 그런 만큼 목소리가 중요하다. 오래 들어도 거부감이 들지 않는 편안한 목소리에 표준 억양을 구사해야 하고 발음도 분명해야 한다. 또한 많은 사람 앞에서 통역을 해야 하니 당연히 담대해야 한다. VIP를 수행할 때 통역사가 덜덜 떨면서 기어 들어가는 목소리로 통역을 한다면 전달력도 떨어지고 보기에도 불편할 것이다.

　　통역사의 기본 조건을 듣게 된 그날 나는 집에 오자마자 뉴스를 봤다. 자정 뉴스 속 여자 아나운서의 목소리와 발음, 발성

벨 아일의 바위, 포트 도무아(1886), 클로드 모네

을 주의 깊게 들어봤다. 분명 자신감이 넘치고 신뢰를 주고 편안하게 들렸다.

'음, 아나운서들은 저렇게 말하는구나. 내가 저렇게 말할 수 있을까? 모르겠지만 그냥 따라 해보자.'

그날부터 나는 학교에서 밤 11시까지 공부하고 집에 돌아와서는 자정 뉴스를 빠짐없이 시청했다. 영어 섀도잉을 하듯이 아나운서의 말을 그대로 섀도잉하면서 목소리와 발음, 발성을 흉내 냈다. 그리고 평소 말을 할 때도 아나운서의 목소리 톤을 떠올리며 최대한 저음으로 낮춰서 말하려고 노력했다.

처음 몇 달 동안은 목이 쉬고 붓고 난리도 아니었다. 마치 감기에 걸린 것처럼 성대가 땡땡 부어 목소리가 나오지 않은 적도 있었다. 그래도 미친 척하고 계속 따라 했다. 그렇게 몇 달을 지내던 어느 날, 통역 수업 시간에 발표를 하는데, 내 목소리가 묵직한 저음으로 울리고 있었다. 내가 말하고도 내 목소리가 맞나 싶어 깜짝 놀랄 정도로 달라져 있었다. 의식적으로 흉내 낸 것이 아니라 아무 생각 없이 말했는데 저음의 목소리가 나오고 있다는 사실이 너무나 신기했다.

그날 이후부터는 밤에 뉴스를 보며 아나운서를 섀도잉하는 것만으로도 목소리가 잘 유지됐다. 그리고 신경을 써서 목소리를 낮추지 않아도 음량이 풍부한 저음의 목소리가 저절로

_꿈을 이루는 열정의 태도

나왔다. 목소리를 완전히 바꾸는 데에 성공한 것이다.

나중에 우연히 명창들이 득음을 하는 원리를 과학적으로 분석한 글을 읽으면서 내 목소리가 바뀐 이유를 이해할 수 있었다. 목소리를 많이 사용하면 성대에 상처를 입혀 성대 결절을 얻기 쉽다. 이때 계속 목소리를 쓰면 결절이 치료될 새가 없이 굳어버린다. 그런데 이 과정을 계속 반복하면 굳은살로 둘러싸인 튼튼한 성대를 갖게 된다고 한다. 굳은살과 함께 성대 근육도 커지면서 목소리는 굵어지고 오래 말해도 목이 쉬지 않는 튼튼한 성대를 갖게 되는 것이다. 당시에는 이런 원리를 전혀 몰랐지만 매일 섀도잉을 하고 발성 훈련을 하면서 저절로 득음 과정을 거쳤던 것 같다.

◆ ◆ ◆

다음 숙제는 무대공포증이었다. 사실 이 조건을 충족시키기 위해 내가 한 것은 별로 없었다. 막상 닥치면 다 해냈기 때문이다. 무대공포증을 극복하려면 우선 무대에 올라가야 한다. 무대공포증은 무대에 제대로 올라가본 적이 없는 경우에나 겪을 수 있는 공포감에 불과하다. 또 누구나 일단 무대가 주어지면 다들 잘해내기 마련이다.

동시통역사로서 나의 첫 무대는 MBC 걸프전 생중계 동시통역이었다. 나의 통역이 전국에 생방송으로 전달되니 데뷔치고 엄청나게 큰 무대였던 셈이다. 당시에는 가슴이 너무 뛰어서 과연 잘해낼 수 있을까 걱정했지만 결과적으로 나는 잘해냈다. 옆에서 보기에는 오히려 침착해 보일 정도였다고 한다. 그때 내가 한 일이라고는 떨리는 가슴을 무시하고 통역에 집중하는 것이었다. 한 문장 한 문장 열심히 듣고 통역을 하다 보니 쿵쾅거리는 가슴은 별로 신경 쓰이지 않았다.

물론 나 역시 크고 중요한 행사에서 동시통역을 맡으면 떨려서 가슴이 터질 듯한 기분이 든다. 하지만 정작 통역부스 안에 들어가면 떨리는 건 아무 문제가 아니다. 그 순간 중요한 일은 통역을 잘해내는 것뿐이다. 그런 마음으로 연사의 말에 집중해 통역을 하다 보면 주위의 모든 것이 사라지는 순간이 찾아온다. 마치 연사와 나, 두 사람만 한 공간에 있는 느낌이다. 그 순간에 집중해 통역을 마치고 나서 고개를 들면 그제야 수많은 청중이 눈에 들어와 깜짝 놀란 적이 많았다.

한번은 잠실 종합운동장 체조경기장에서 개최된 행사에서 순차통역을 한 적이 있다. 무대 위에 올라가 오로지 연사의 말에 집중해 열심히 노트테이킹하며 한 문장 한 문장 통역을 했다. 마지막 통역을 마치고 고개를 드는 순간, 나는 깜짝 놀라고 말았다. 체조경기장 관람석을 가득 채운 청중이 눈에 들어온

187

것이다. 나는 5천 명이 넘는 청중 앞에서 통역을 하고 있었다. 그날 그곳에는 웅변대회에 나가기 싫다며 엄마를 붙잡고 울먹이던 소녀는 더 이상 없었다. 가냘픈 목소리를 내던, 소심하기만 하던 소녀는 온데간데없었다.

◇ ◇ ◇

2022년 호주에서 소셜 미디어의 데이터를 바탕으로 총 624개 직업에 속한 약 10만 명의 사람을 분석한 연구가 진행됐다. 연구 결과에 따르면 비슷한 성격을 가진 사람들은 직장에서 비슷한 역할을 하는 것으로 나타났다. 또 성격과 직업이 잘 맞을 때 행복도가 높다고 한다. 자기 성격과 잘 맞는 직업을 갖는 것, 그보다 더 좋은 행운은 없다.

하지만 성격이 직업에 잘 맞지 않는다고 해서 반드시 불행해질 거라 생각하지 않아도 된다. 사람은 누구나 직업을 통해 성격이 얼마든지 바뀔 수 있기 때문이다. 실제로 2003년 캘리포니아대학교 버클리캠퍼스 연구팀이 약 13만 명의 데이터를 바탕으로 연구한 결과, 오히려 20~30대에 성격이 가장 많이 변하고 60대까지도 서서히 변하는 것으로 나타났다고 한다. 특히 직업을 통해 성격 변화가 가장 많이 일어났다는 사실을 밝혀냈다. 누구라도 직업을 통해 성격이 얼마든지 바뀔 수 있다는 말이다.

연구진은 어렵고 도전적인 일을 할수록, 성취 경험을 쌓을수록 성격에 긍정적인 변화가 일어난다고 지적했다. 어린 시절에 성격이 형성돼 고정된다는 생각을 뒤집는 흥미로운 이야기다.

직업을 통한 성격 변화도 중요하지만 노력의 힘을 무시할 수 없다. 목소리를 고치고 무대공포증을 극복하는 과정처럼 성격은 스스로의 노력으로 얼마든지 고칠 수 있다. 별다른 노하우는 없다. 그냥 자신에게 필요한 것들을 파악해 열심히 흉내 내고 따라 하면 된다.

사람들 앞에서 더 많이 웃어야 한다면 웃는 연습을 하면 되고, 사교적인 성격이 필요하다면 소셜 스킬social skill, 즉 사교술을 연습하면 된다. 예쁜 목소리가 필요하다면 발성 연습을 해서 목소리를 잘 관리하고, 튼튼한 근육이 필요하다면 열심히 운동해서 근육을 키우면 된다. 끊임없이 자신에게 부족한 것을 흉내 내고 따라 하고 훈련하다 보면 어느새 새로운 성격과 기술이 곧 내 자아가 된다. 직업을 위해, 자신의 부족한 자질을 위해 갖춰야 할 모든 것들이 내 자아로 흡수되는 것이다.

_꿈을 이루는 열정의 태도

◆ ◆ ◆

그동안 통역업무를 하면서 수많은 유명인사, 리더들을 만나봤다. 한 분야에서 최고의 위치에 오른 사람들은 그 분야가 요구하는 모든 자질을 갖추고 있어 마치 그 사람 자체가 그 일이 돼버린 듯한 분위기를 풍긴다. 예를 들어 유럽의 왕실 인사들은 그 사람 자체로 로열티Royalty, 즉 왕족이라는 느낌을 받곤한다. 눈빛, 말투, 자세, 행동 하나하나까지 모두 여유가 느껴지고 품위가 넘친다. 수많은 사람이 지켜보는 가운데서도 결코 흐트러지거나 당황하는 모습을 보이지 않는다. 그런 태도가 몸에 배기까지 얼마나 많은 훈련과 마인드 컨트롤을 했을지 쉽게 상상이 되지 않을 정도다.

큰 기업을 이끄는 사람들도 마찬가지로 자신이 속한 기업의 이미지를 그대로 보여준다. 간결한 언어, 꼼꼼함과 정확함, 유연한 사고 등이 눈빛 하나에도 스며들어 있는 걸 볼 수 있다. 그들도 처음부터 그런 자질들을 타고나지 않았을 것이다. 리더의 위치까지 올라가는 과정에서 갖은 노력 끝에 그 모든 자질들을 획득한 것이다.

나 역시 좋은 통역사가 되기 위해, 듣기 좋은 저음의 목소리를 갖기 위해, 한 걸음 한 걸음 내디디며 점차 담대한 사람으로 바뀌어갔다. 지금은 통번역대학원을 다닐 때와는 달리 오히려 침착하고 강단이 있다는 소리를 더 많이 듣는 편이다. 원래 타고난 것인 양 내 직업에 꼭 맞는 자질들을 갖출 수 있게 됐다.

만약 자신이 하고 싶은 일이 있으나 재능이나 자질이 부족해서, 혹은 성격이 맞지 않아서 망설이는 사람이 있다면 꼭 말해주고 싶다. 정말로 간절하게 그 일을 하고 싶다면 노력해 획득하라고. 완전히 나의 일부가 될 때까지 훈련하라고. 누구라도 충분히 할 수 있다.

_ 꿈을 이루는 열정의 태도

자만을 자신감으로
착각하지 말라

일부 사람들은 통역대학원을 나오면 누구나 동시통역사라는 직업을 가질 수 있을 거라 생각하는 듯하다. 집에서 오래 쉬다가도 의뢰가 들어오면 아무 준비 없이 나가서 뚝딱 할 수 있는 편한 직업이라고 받아들이기도 한다. 하지만 통역대학원을 졸업한다고 해서 모두 다 동시통역을 할 수 있는 것은 아니다. 오랜 기간 쉬다가 갑자기 나가서 막힘없이 할 수 있는 일도 아니다. 동시통역은 마치 기름칠을 계속해주지 않으면 녹이 슬어 고장나버리는 기계와 같다. 졸업한 지 얼마 안 되는 통역사이건, 나처럼 경력이 30년이 넘는 통역사이건 마찬가지다.

동시통역은 1년 열두 달이 늘 성수기이지만 유일한 비수기가 있다. 크리스마스 직후부터 1월 초까지의 뉴 이어 시즌New Year Season이다. 이 무렵은 전 세계 사람들이 가족과 함께 보내는 시기이기에 국제회의가 전혀 열리지 않는다. 통역사들의 세계에서는 이 시기를 '셔터 내리고 쉬는 시간'이라고 부른다.

그런데 셔터 내리고 쉬는 시간을 보내고서 1월 초에 처음으로 동시통역을 하러 나가면, 약 한 시간 정도 버벅거리는 경험을 한다. 나도 그렇고 내 파트너들도 마찬가지다. 경력과 상관없이 누구나 겪는 증상이다. 불과 열흘 정도 쉬었을 뿐인데도 마치 기계가 시동이 걸리지 않는 것처럼 삐걱거리는 느낌을 받는다. 동시통역이 훈련과 반복에 얼마나 좌우되는 기술인지를 실감하는 순간이다. 이처럼 조금이라도 방심하고 나태해지면 수십 년간 쌓은 기술도 허무하게 사라져버릴 수 있다.

◇ ◇ ◇

프리랜서로 활발하게 활동하다 육아 때문에 통역을 몇 년간 쉰 제자가 있었다. 한번은 그 제자가 프리랜서를 하겠다며 찾아와 동시통역 행사에 내보냈는데, 그날 통역을 완전히 망치고 돌아왔다. 클라이언트는 절반 이상이 문맥에 맞지 않는 이상한 통역이었다며 항의를 했다. 그 이후 그 제자에게는 동시

_꿈을 이루는 열정의 태도

통역 일을 줄 수 없었다. 그 대신 빨리 다시 훈련해 예전의 실력을 되찾는다면 그때 다시 일을 잡아주겠다고 다독였다. 하지만 제자는 육아와 일을 병행하느라 중요한 시기를 놓치고 말았다. 결국 지금은 순차통역만 맡아 진행하고 있다.

마음 아픈 사례도 있다. 학교를 수석으로 졸업할 정도로 동시통역을 잘했던 제자가 있었다. 그 제자는 졸업 후 정부기관에서 오래 일하다가 프리랜서로 독립했다. 워낙 출중하게 일을 잘했던 친구라 믿고 함께 통역부스에 들어갔는데, 그날따라 제자는 마이크를 붙잡고 "어, 어" 하더니 시작도 못하는 것이었다. 연사는 계속 연설을 하고 있는데 문장 하나도 제대로 완성하지 못했다. 수석으로 졸업한 자랑스러운 제자가 눈앞에서 무너지는 모습을 보며 마음이 너무나 아팠다. 결국 그 제자는 프리랜서 전향에 실패하고 다시 인하우스 통역사로 돌아갔다.

절대로 동시통역을 자전거 타는 법처럼 한번 배우면 평생 쪽 써먹을 수 있는 쉬운 기술로 생각해선 안 된다. 동시통역을 만만하게 생각하고 일을 달라는 제자들에게 나는 최근 3개월 사이 동시통역을 몇 번이나 했는지, 마지막으로 동시통역을 한 것이 언제인지, 어느 분야였는지, 충분히 잘했다고 생각하는지 등을 진지하게 묻는다. 만약 최근 3개월간 겨우 서너 번 동시통역을 했다면 준비가 안 된 것이다.

그리고 마지막으로 동시통역 연습을 언제 했는지 물었을 때 열흘 넘게 하지 않았다고 해도 일을 맡기지 않는다. 동시통역은 그만큼 평소 감각을 유지하고 꾸준히 노력을 해야 하는 분야이기 때문이다. 거의 매일같이 쉬지 않고 꾸준히 부스 안에서 통역을 해본 사람만이 신뢰를 얻을 수 있다.

◇ ◇ ◇

동시통역 훈련법 중에 '사이트 트랜슬레이션'sight translation 이란 것이 있다. 문장을 '눈으로 보면서'sight 곧바로 '입으로 번역'translation을 내뱉는 것이다. 이때 절대 문장을 다 읽지 않는 것이 중요하다. 문장을 다 읽은 후 번역하는 것이 아니라 앞에서부터 단어를 하나씩 보면서 즉각적으로 처리하는 것이 훈련의 핵심이다. 예를 들어 'to'가 나오면 곧바로 '그 목적은~' 혹은 '그 결과는~'의 의미로 번역하고 'from'이 나오면 '떨어져 있다'라고 번역하는 것이다.

My friends and I stood on the street yelling to grab a taxi.

일반적인 번역 택시를 잡기 위해 친구와 나는 길거리에서 소리쳤다.

동시통역식 번역 친구와 나는 소리치며 택시를 잡았다.

_꿈을 이루는 열정의 태도

이렇게 동시통역을 할 때는 연사가 하는 말을 디테일하게 다 전달하지 않고 의미만 전달하면 되기에 굳이 'on the street'를 전달하지 않음으로써 다음 문장을 듣고 말할 수 있는 시간을 번다.

Pusan is located 400 km away from Seoul.

일반적인 번역 부산은 서울로부터 400킬로미터 떨어진 곳에 위치한다.

동시통역식 번역 부산의 위치는 400킬로미터 서울에서 떨어져 있다.

이렇게 해내려면 정말 수많은 문장을 보며 연습해야 한다. 의도적으로 통역한다는 느낌보다 거의 반사적으로 통역이 나오는 경지에 이르러야 한다. 마치 단어를 들으면 뇌에서 신호등이 켜진 것처럼 불쑥 나오는 수준이 돼야 한다. to, from, of, when, that 그리고 동사 같은 단어가 나오면 그 단어들을 신호등으로 생각하고 바로 그 지점에 뛰어들어 통역하는 것이다.

이 과정은 운동선수가 기술을 연마하는 훈련과 비슷하다. 권투 선수는 상대방 선수의 날아오는 훅hook과 잽jab을 피할 때 머리로 생각하지 않는다. 몸이 알아서 반응하도록 매일 수 시

3장 원하는 것을 내 손으로 얻어라

간씩 연습을 한 결과, 주먹이 날아오면 그것이 무엇인지 판단하기도 전에 몸이 먼저 방향을 잡고 피한다. 온종일 피하기 훈련을 거친 덕분에 몸이 상대방 주먹의 감각을 기억하고 있는 것이다.

마찬가지로 동시통역사 역시 졸업했다고 끝이 아니다. 끊임없이 행사장에서 동시통역을 하는 실전 경험을 쌓고 틈틈이 신문을 보고 오디오를 들으며 혼자서 중얼중얼 연습을 해야 한다. 매일 모르는 단어를 외우고 좋은 문장과 좋은 통역을 공부하지 않으면 감각은 허무하게 사라지고 만다.

동시통역사가 가장 경계해야 할 것은 바로 자신감이다. 자칫 자신감이 자만으로 바뀌기 쉽기 때문이다. 자신감은 스스로의 능력에 확신을 갖는 것인 반면, 자만은 스스로의 능력을 부풀려 자신이 대단하다고 생각하게 만들고 남들보다 훨씬 잘한다는 우월감을 갖도록 이끈다. 그런데 주변을 보면 자만을 자신감으로 착각하는 통역사들이 더러 있다. 자신감이 자만으로 바뀌지 않으려면 스스로를 객관적으로 살펴보고 남들의 의견에 귀를 기울이는 마음을 가져야 한다. 나만큼 잘하는 사람이 없고 지금 자신의 실력이면 충분하다는 생각은 금물이다. 계속 자신에게 부족한 것을 찾으며 채우려는 태도야말로 동시통역을 평생 쭉 할 수 있는 기본자세다.

_꿈을 이루는 열정의 태도

◆ ◆ ◆

　나와 천생연분이 아닐까 하는 생각이 들 정도로 호흡이 잘 맞는 동시통역 파트너이자 학교 동료인 송혜인 교수는 영어에 정말 강하다. 내가 모르는 주옥같은 표현을 자연스럽게 구사한다. 송 교수에 대한 전설적인 이야기가 있다. 경력이 좀 짧은 제자와 같이 동시통역을 할 때의 일이다.

　당시 송 교수의 아이들이 어려서 만성 수면부족을 겪고 있었다. 그런데 그날 마침, 통역부스에서 자신의 통역을 마치고 잠시 엎드려 눈을 붙이고 있는데 제자가 통역을 하다가 막혀서 급히 송 교수를 깨웠다. 그러자 송 교수는 눈이 반쯤 감긴 상태로 마이크를 켜고는 그 어려운 연설을 기가 막히게 통역해냈다. 거의 자동반사식으로 통역을 술술 해냈다.

　그와 같은 반사신경은 타고나는 것도 아니고 해외 체류 경험 덕분도 아니다. 밤을 새우면서 통역 준비를 완벽하게 하고, 동시통역 감각이 떨어지지 않도록 자주 통역을 해야 감을 잃지 않는다. 또 평소에도 시간이 날 때마다 영어 뉴스를 듣고, 틈틈이 영어 소설을 읽으면서 영어 표현을 익히는 것도 비결이다. 이미 완벽한 실력이지만 결코 안주하지 않고 더 완벽해지고자 노력하는 자세, 스스로에게 자만하지 않고 계속 채우려는 자세, 그 이상의 비결은 없다.

　　　　　　　　3장 원하는 것을 내 손으로 얻어라

IT 관련 행사에 동시통역을 갔을 때의 일이다. 프랑스 국적의 연사가 영어로 발표를 하는데 "샤넬"이라는 단어가 나왔다. 그 순간 당황했다. 명품 브랜드 샤넬이 여기서 나올 이유가 없을 테니까. 그러다 1초 만에 깨달았다. 아, 채널channel을 발음한 것이구나.

프랑스어에서는 'ch'를 바람소리가 많이 나는 '쉬'로 발음한다. 발음기호로는 '[ʃ]'이다. 프랑스 사람들은 영어를 대체로 잘하지만 평소 발음 습관대로 영어를 한다. 그래서 '체크'check는 '쉐크'로, '챕터'는 '샵터'로, '차이나'China는 '쉬나'로 발음한다. 정신을 바짝 차리지 않으면 무슨 말을 하는지 몰라 어리둥절하기 쉽다.

'~tion'을 '션'이 아니라 '숑'으로 발음하는 것도 알고 있어야 한다. '컨버세이션'conversation을 '컨버사숑'으로, '네이션'nation을 '나숑'nation으로 발음한다. 또 한 가지 특이한 건 'h'가 묵음이라는 것이다. 그래서 '핫'hot을 '오트'로, '햄버거'hamburger를 '암버거'로 발음한다.

프랑스어권 연사뿐만 아니라 비영어권 연사를 만나게 되면 통역을 할 때 긴장할 수밖에 없다. 내가 아무리 영어를 잘해도 연사의 발음이 특이하면 못 알아들을 수밖에 없기 때문이다. 특히 뉴질랜드 연사의 통역을 맡았을 때 발음 때문에 처음으로 당황한 적이 있다. 연사의 첫 마디가 "키아오라"Kia Ora였는데, 도통 무슨 말인지 알 수가 없어서 통역을 하지 못했다. 나중에야 그것이 마오리족 언어인 '테 레오 마오리'Te reo Māori로 "안녕하세요"라는 인사말이라는 것을 알았다. 뉴질랜드인은 마오리족 조상에게 경의를 표하는 의미로 총리건 장관이건 공식 석상에서 이 인사말을 사용한다고 한다.

또 뉴질랜드 영어에서는 'e'를 'i'로 발음한다. 아마도 '에'라는 모음 발음이 너무 강하다 보니 쉽게 발음하려다가 '이'로 굳어져버린 것이 아닐까 추측한다. 예를 들어 '세븐'seven을 '시븐'으로, '베터'better는 '비터'로, '펜'pen은 '핀'으로 발음한다. 다행히 통역을 하는 도중 문맥을 통해 무슨 단어인지 유추해 잘 넘길 수 있었지만 당시에 너무 당황했던 기억이 있다. 물론 그 덕분에 통역을 준비할 때 연사의 국적과 그 나라의 영어 발음, 인사 문화까지 따로 공부해야 한다는 것을 깨달았다.

◆ ◆ ◆

2000년대 초반에는 IT 관련 회의에서 인도인 연사들이 발표하는 경우가 정말 많았다. 클라이언트 측에서 "인도 영어를 구사할 줄 아세요?"라고 묻거나 내가 시간을 내지 못해 다른 통역사를 소개해준다고 하면 "인도 영어를 하는 통역사를 찾아주세요"라고 요구할 정도였다. 그때 나는 인도식 발음을 익히기 위해 인터넷에서 찾을 수 있는 모든 영상을 다 찾아서 들었다. 인도식 영어와 더불어 '싱글리시'Singlish라고 불리는 싱가포르 영어 통역이 가능한 사람을 찾는 클라이언트도 많아 함께 찾아 듣고 연습하곤 했다.

2010년대로 접어들자 한국의 경제성장과 새마을운동 같은 정책을 배우고자 하는 아프리카 국가 정부 관리들이 한국을 많이 방문했다. 그때도 아프리카식 영어 발음을 미리 듣고 준비를 많이 해 통역을 해냈던 기억이 있다. 영국의 지배를 받았던

_꿈을 이루는 열정의 태도

아프리카 국가들은 영국식 발음과 아프리카 발음이 결합된 특이한 발음을 한다. 아프리카식 영어를 듣고 있으면 마치 타악기 연주를 듣는 듯한 리듬과 랩 운율을 느낄 수 있다. 특히 '어'와 '애' 발음을 모두 '아'로 발음하는 것이 인상적이다. 예를 들어 '앤서'answer는 '안사', '넘버'number는 '남바', '프렌드'friend는 '쁘란'으로 발음한다. '배우다'라는 뜻의 동사 '런'learn을 '란'이라는 짧은 모음으로 발음하는 것은 정말 신선했다.

내가 가장 어려워하는 영어는 스코틀랜드 영어다. 스코틀랜드 영어는 잉글랜드 영어보다 발음과 억양이 훨씬 강한 편이다. 문장을 말할 때 인토네이션intonation, 즉 높낮이가 일반 영어와 완전히 달라서 분명 영어이긴 한데 마치 다른 언어를 듣는 듯 착각을 일으킬 정도다. 심지어 문법도 다를 뿐만 아니라 영어에서는 전혀 사용하지 않는 스코틀랜드만의 단어도 있다. 예를 들어 '예스'yes를 '아이'aye라고 하고, '걸'girl을 '래디'laddie라고 하고, '보이'boy를 '래시'lassie라고 하는 식이다.

스코틀랜드 영어가 이렇게 잉글랜드 영어와 다르게 발전한 이유도 재미있다. 스코틀랜드 지역은 켈트족이 여러 방언을 사용하며 살아가는 지역이다. 그런데 18세기 초 잉글랜드에 흡수돼 영어를 사용하게 되면서부터 자신들이 원래 사용하던 방언들과 충돌하고 융합된 새로운 발음, 억양, 단어 등이 탄생했다고 한다. 특히 잉글랜드에 흡수된 이후에도 교회, 학교, 법원 등은 분리 운영됐기 때문에 새로운 신조어가 많이 만들어졌다고 한다.

2019년에는 서울에서 한·아세안 특별 정상회의가 열렸다. 당시 나는 마하티르 빈 모하마드Mahathir bin Mohamad 말레이시아 총리, 리셴룽李顯龍 싱가포르 총리, 문재인 대통령 간의 정상회담을 수행통역했다. 마하티르 총리는 말레이시아 역사상 최장기 집권을 하면서 경제 규모를 네 배로 키우고 인종 간 화합을 이룬 엄청난 지도자다. 나는 당시 90세가 넘는 총리의 나이 탓에 목소리와 발음이 명확할지 걱정이 앞섰다. 그런가 하면 리셴룽 총리는 싱가포르 최고 정치인 리콴유李光耀 총리의 아들로 영국에서 교육을 받았지만 싱글리시를 구사하고 말이 아주 빠른 것으로 유명했다.

생경한 발음에 걱정이 앞선 나는 정상회담을 앞두고 유튜브에서 두 분의 영어 연설을 모조리 찾아 반복해서 들었다. 그리고 독특한 발음에 충분히 익숙해질 때까지 그분들의 연설을 들은 덕분에 정상회담에서도 무리 없이 통역할 수 있었다.

만약 동시통역 파트너가 영어 외에도 프랑스어나 독어 같은 다른 외국어를 하면 연사의 발음이 아리송할 때 파트너에게 얼른 눈빛을 보내면 옳은 발음을 확인할 수 있다. 실제로 스페

_꿈을 이루는 열정의 태도

인어나 포르투갈어 발음에 익숙한 나는 스페인과 포르투갈 출신 연사가 영어를 할 때 파트너에게 도움을 주곤 했다.

◆ ◆ ◆

세계화의 확대로 국가 간 교류에서 영어의 사용 빈도는 꾸준히 늘어났다. 물론 영어가 세계 공용어로 이미 자리를 잡았지만 다양한 언어권, 문화권에서 영어를 사용하는 만큼 자신들만의 독특한 발음과 스타일로 변화하고 있는 것도 사실이다. 인도 영어, 아프리카 영어, 싱글리시 등 저마다 개성이 강한 영어를 듣고 있으면 이제는 영어가 단순히 영어권 국가들만의 언어가 아니라는 생각마저 든다.

영어의 다양한 변화 속에서 우리도 영어를 공부할 때 굳이 원어민처럼 완벽한 미국식 영어나 영국 상류층 영어를 구사할 필요는 없다는 생각이 든다. 한국식 억양일지라도 발음 기호에 맞게 단어를 말하고, 문법에 맞는 문장을 구사한다면 충분히 세계 사람들과 의사소통을 할 수 있다는 말이다.

내가 스페인어와 포르투갈어 발음이 섞인 영어를 찰떡같이 알아듣는 것처럼 영어권 사람들도 전 세계 사람들이 구사하는 독특한 영어 발음을 대체로 잘 알아듣는다. 만약 자신의 발음이 형편없다고 생각해 영어에 자신을 갖지 못한다면 너무 상

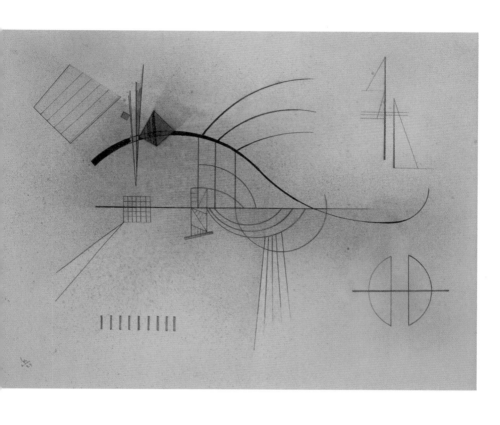

라인(1929), 바실리 칸딘스키

심하지 말고 표현력과 문장력을 기르기 위해 노력하라고 조언하고 싶다.

물론 생활 속에서 쓰는 영어일 경우에는 발음이 약간 틀리더라도 허용이 되겠지만 통역사에게는 다른 문제다. 통역사는 국제회의에서 수많은 청중을 상대로 영어로 말해야 하고 귀빈을 수행해야 하니 표준 발음을 갖추는 것이 기본이다. 국제회의에 참석한 많은 외국인 통역사들을 만나보면 그들의 국적이 어디든 영어를 쓸 때만큼은 표준 발음을 구사하고 있었다.

실제로 내가 만난 인도인 통역사는 평소 생활할 때에는 인도식 영어를 쓰더라도 국제회의 석상에서는 완벽한 표준 영어를 쓰고 있었다. 또 프랑스인 통역사도 특유의 프랑스식 발음이 아닌 완벽한 표준 영어를 사용했다. 그들이 원래의 발음 습관을 없애고 표준 발음을 하기까지 얼마나 노력했을지 상상이 간다.

◇ ◇ ◇

나도 내 발음이 완벽하지 않다고 생각한다. 어린 시절 포르투갈어를 먼저 배우고 사용한 영향 때문인지 포르투갈식으로 발음하려는 경향이 있었다. 포르투갈어의 특징은 모음이 다양하다는 것이다. '아'는 [a], [ɐ]로, '에'는 [e], [ɛ]로, '오'는 [o],

3장 원하는 것을 내 손으로 얻어라

[ɔ]로 각각 미묘하게 차이가 있는 두 가지 발음이 존재한다. 이런 포르투갈어 특유의 발음에 익숙해진 탓에 영어를 쓸 때 나 스스로 느끼는 약간 특이한 억양을 고치려고 많이 노력했다.

발음을 잘하려면 반복 훈련, 모방 훈련이 중요하다. 원어민들이 어느 부분에서 숨을 쉬고 멈추는지, 문장의 어떤 부분에서 톤을 올리고 내리는지에 유의해서 많이 듣고 따라 해야 한다. 새로운 단어를 익힐 때에도 영영 사전에서 뜻을 이해하고 여러 가지 예문을 함께 외우면서 반드시 발음도 직접 듣고 확인해야 한다. 요즘은 케임브리지 영어사전, 옥스퍼드 영어사전, 네이버 영어사전 등의 온라인 사건 검색 서비스를 이용하면 발음 듣기 기능도 제공하므로 단어들의 발음을 꼭 들어보고 수십 번씩 따라 해보기를 권한다.

또한 나는 '텍스트 투 스피치'Text-to-speech 서비스를 제공하는 여러 사이트들을 발음 연습 도구로 활용하는 편이다. 텍스트 투 스피치 서비스는 말 그대로 글을 말로 바꿔주는 AI 서비스다. 대표적으로 구글, 스피치파이speechify, 티티에스리더ttsreader 등이 있다.

만약 듣고 싶은 연설문이 있다면 텍스트 창에 옮겨 넣으면 미리 입력돼 있는 AI의 유창한 발음을 들을 수 있다. 남자 목소리, 여자 목소리를 선택할 수도 있고 속도도 조절할 수 있으며

_꿈을 이루는 열정의 태도

미국 동부식 발음, 중부식 발음, 영국식 영어 등으로 자신이 원하는 발음을 선택할 수도 있다.

나는 주로 외워야 할 표현, 문장 등이 있으면 텍스트 투 스피치 서비스에 입력해 스피치로 바꾼 후 휴대전화에 파일로 저장해 듣는다. 이렇게 하면 좋은 표현들을 운전하면서 반복해서 들을 수 있고 발음을 따라 하면서 영어 발음도 좋아지는 일석이조의 효과가 있다.

◆ ◆ ◆

나는 평소 영어공부를 어떻게 하면 좋은지에 대해서 질문을 많이 받는 편이다. 그에 대한 대답으로는 조금 엄격하게 들릴지 모르겠지만, 조금만 공부하고 큰 효과를 얻을 수 있는 방법은 결코 없다. 무조건 반복하고 연습하는 것이 최선이다. 어떤 공부든 시간을 많이 투자하면 투자할수록 실력이 늘어나는 것을 체감할 수 있다. 물론 직장인이나 다른 분야 전공자들이 영어만 붙들고 있기는 힘든 것이 사실이다. 그래도 하루 한 시간이든 두 시간이든 규칙적으로 시간을 내어 계속 훈련을 하면 모르는 사이에 실력이 늘어날 것이다.

무엇보다 영어 공부를 너무 어렵게 생각하지 않았으면 한다. 통학 시간이나 출퇴근 시간을 이용하거나 아침에 한 시간 일찍 일어나거나 저녁에 한 시간 늦게 자는 식으로 시작하면 된다. 본인이 관심을 가지는 주제에서 콘텐츠를 선택하는 것도 아주 좋은 시작점이다. 예를 들어 패션에 관심이 있다면 패션 콘텐츠를, 음식에 관심이 있다면 음식 콘텐츠를 찾아 영어 표현을 익히는 것이다. 이처럼 영어 공부를 생활의 일부로 자연스럽게 스며들게 만들면 굳이 거창하게 학원이나 스터디를 하지 않아도 자신에게 필요한 만큼 충분한 실력을 기를 수 있다.

영어는 모국어로 쓰는 사람조차도 다양한 방법으로 쓰는 언어다. 꼭 미국영어로 혹은 영국영어로 구사할 필요는 없다. 조금 달라도 괜찮다. 자신만의 억양으로, 자신만의 스타일로 영어의 길을 걸어가길 바란다. 영어는 모두의 언어다.

_ 꿈을 이루는 열정의 태도

조기교육만이 정답은 아니다

1998년 가을 무렵이었다. 나와 함께 일하던 클라이언트가 아르헨티나에서 중요한 회의가 개최될 예정이니 같이 가자고 연락을 해왔다. 당시 나는 둘째를 임신 중이었다. 8개월 차여서 의사의 동의서와 보호자가 없으면 비행기 탑승이 불가능했다. 하지만 그동안 내가 계속 맡아왔던 회의여서 클라이언트도 내가 꼭 참석하길 원했다. 나도 꼭 가고 싶은 욕심이 있었다. 나는 용기를 내어 남편에게 도움을 청했다. 의사인 남편이 동행한다면 의사 동의와 보호자 동반을 모두 해결할 수 있기 때문이다. 고맙게도 남편은 못 이기는 척 병원에 휴가를 내고 나와 함께 아르헨티나로 향했다.

　무사히 회의를 마치고 나니 서울로 그냥 돌아가기가 못내 아쉬워졌다. 고민 끝에 아르헨티나와 이웃한 그 나라, 내가 어린 시절 4년을 보낸 브라질에 가보기로 했다. 무엇보다 내가 살던 상파울루의 동네도 돌아보고 아버지가 다니셨던 은행이 있던 파울리스타 가Av. Paulista를 걸어보고 싶었다. 어린 시절 주말마다 오빠와 함께 은행에 가서 아버지가 밀린 일을 처리하시는 동안 큰 회의실 책상에서 공부했던 기억이 아련하게 떠올랐다.

　15년 만이었다. 브라질에서의 첫날은 내 기억을 따라 우리 가족이 살던 동네를 산책했다. 오랜 시간이 지났으니 동네가 많이 바뀌었을 거라고 생각했는데 내가 살던 집과 주말에 가서 공부했던 아버지 은행이 있던 건물이 그대로 있었다. 또 온 가족이 함께 자주 찾았던 이비라 푸에라 공원Parque Ibirapuera도 오랜만에 가보니 감회가 새로웠다. 내가 어릴 때 살던 집 앞에 있던 거대한 마트도 간판이 바뀌기는 했지만 그대로 있었다. 추억이 곳곳에 묻어 있는 골목을 걸으면서 돌아가신 아버지 생각이 정말 많이 났다.

　둘째 날에는 브라질이 처음인 남편을 위해 시내 관광을 신청했다. 미국, 영국, 이탈리아 등에서 온 여러 커플들과 함께 리

　_꿈을 이루는 열정의 태도

고양이가 있는 정물(1899), 폴 고갱

무진 버스를 타고 상파울루 시내 곳곳을 구경했다. 그런데 관광을 마치고 저녁에 숙소로 돌아갈 때 뜻하지 않은 일이 생겼다. 리무진 버스가 달리던 도로에서 우회전만 하면 우리 숙소인 호텔이 나오는데 운전기사가 무심코 지나친 것이다.

비록 오래전이긴 해도 4년이나 상파울루에서 살았던 나는 시내 지리 정도는 훤히 꿰뚫고 있었다. 당시 운전기사는 우리가 묵었던 호텔에서 멀리 떨어진 다른 구역으로 방향을 잡고 있었다. 아마도 유럽 관광객들을 먼저 내려주고 우리 커플, 즉 아시아인을 맨 나중에 내려줄 심산인 듯했다.

나는 운전기사에게 다가가 영어로 "우리 호텔이 가까운데 왜 지나쳤나요?"라고 물었다. 운전기사는 성의 없이 "글쎄요"라는 대답만 할 뿐이었다. 그 순간 내 몸속에 꽁꽁 숨겨져 있던 포르투갈어가 속사포로 터져 나오기 시작했다.

"우리 호텔이 가까운데 왜 이렇게 빙빙 돌아서 우리를 제일 나중에 내려주려고 하는 거죠? 그렇게 빙빙 돌면 너무 오랜 시간이 걸리지 않나요? 우리를 우습게 보는 건가요? 당장 우리 먼저 내려주세요!"

그러자 운전기사는 깜짝 놀라더니 내가 이곳에 사는 사람인지 몰랐다면서 연신 사과했다. 숙소에 내려주는 순서를 따지는 데 현지인과 관광객이 대체 무슨 상관이 있는 것인지 이해

_꿈을 이루는 열정의 태도

할 수 없었다. 어쨌든 운전기사는 버스 머리를 돌렸고 우리는 1순위로 내릴 수 있었다.

버스에서 내리자마자 남편이 말했다.

"우와, 대단했어. 나는 당신이 브라질 사람으로 돌변한 줄 알았어."

단 1초도 쉬지 않고 속사포로 항의하는 내 포르투갈어 실력에 남편도 깜짝 놀랐다고 했다. 사실 나도 말을 마친 후 어떻게 말이 술술 나왔는지 깜짝 놀랐다. 포르투갈어를 10년 이상 사용하지 않았지만 상파울루를 여행하면서 잠깐씩 현지인들과 포르투갈어로 말하다 보니 내 몸속에 스며들어 있던 언어의 기억이 어느새 살아난 듯했다.

자연스럽게 습득한 언어의 위력은 이처럼 놀랍다. 생물학적으로 인간의 두뇌 구조는 어린 나이에 언어를 배우면 무의식적으로 그 언어를 흡수한다고 한다. 그리고 뇌에 흡수된 언어는 한참 사용하지 않아도 필요한 때에 불쑥 튀어나온다. 반면 성인이 돼 배운 외국어는 한동안 사용하지 않으면 쉽게 잊어버리고 만다. 이런 원리를 잘 알기에 나는 어린 시절부터 영어 감각을 체득한 통역사들이 내심 부러웠다.

◆ ◆ ◆

어린 시절부터 영어 감각을 익혀야 한다는 사실을 알고 있던 덕분에 나는 아이들을 키울 때 의욕이 앞섰다. 내 아이들만큼은 일찍부터 영어를 가르쳐서 영어 감각을 몸에 심어주고 싶었기 때문이다. 또 엄마가 통역사인데 영어 교육만큼은 똑 부러지게 잘했다는 소리를 듣고 싶은 마음이 있던 것도 사실이다.

다행히 큰딸은 내 뜻을 잘 따라줬다. 아이는 집 안 구석구석에 붙여 놓은 영어 단어 카드를 보면서 신통하게 따라 하고 재미있어했다. 예를 들어 TV에는 텔레비전Television, 책상에는 데스크Desk라는 카드를 붙여두고 살았다. 또 '가나다라'와 'ABCD'를 함께 가르쳤더니 기특하게도 3일 만에 다 외우는 모습을 보여줬다. 두 언어를 분리해 이해할 줄도 알았다. 영어로 질문하면 영어로 대답하고, 한국어로 질문하면 한국어로 대답했다. 내친김에 더 욕심을 내어 영어 유치원에도 보냈다. 유학을 결심한 중학교 2학년 무렵에는 영어로 의사소통하는 데 아무 문제가 없었다. 그렇게 큰딸은 무난하게 몸에 영어 감각을 심는 데 성공했다.

나는 작은딸을 키우면서도 영어 감각을 익히게 하겠다는 의지가 강했다. 큰딸의 경험을 떠올리며 작은딸도 똑같은 코스를 거치면 성공할 거라고 자신만만하게 생각했다. 하지만 작은딸은 달랐다. 잘 놀다가도 영어 단어를 가르쳐주면 갑자기 말을 멈추기 일쑤였다. 노래와 함께 율동을 하며 재미있게 가르쳐도 소용이 없었다. 심지어 한국어를 하다가 영어로 말을 바꾸면 표정이 확 바뀌면서 입을 다물고 나를 외면했다.

결국 나는 작은딸에게는 영어 가르치기를 포기했다. 어린 아이가 이토록 거부하는데 억지로 가르쳐봐야 소용이 없다고 판단한 것이다. 그렇게 작은딸은 한창 붐이었던 영어 유치원이 아닌 일반 유치원에 다니게 했다. 그리고 그 아이가 초등학교 2학년쯤 됐을 때 조심스럽게 물었다.

"해원아, 어릴 때 엄마랑 영어 하는 게 왜 싫었어?"

"엄마가 영어를 하면 갑자기 외계인으로 돌변한 것 같았어. 무서웠어."

작은딸의 대답은 의외였다. 하지만 그렇게 영어를 거부하던 아이도 학교에서 배우는 영어 공부는 재미있어했다. 특히 회화보다 오히려 책을 읽고 쓰는 데 흥미를 느끼는 듯했다. 작은딸만의 특성을 파악한 후 간단하게 읽을 수 있는 영어 동화책을 몇 권 사주자 아이는 사전을 뒤지면서 혼자 열심히 읽기 시작했다. 비록 영어를 유창하게 말하지는 못해도 저 나름대로 영어를 즐기는 방식을 찾은 듯했다.

나중에 작은딸은 먼저 유학을 가 있던 큰딸의 권유로 중학교 1학년 때 미국으로 유학을 떠났다. 영어를 잘 못하는 상태로 미국에 가는 바람에 작은딸은 학교 생활을 힘들어했다. 처음에는 영어를 못하니 친구도 사귀지 못하고 학교에서 존재감 없이 겉돌았다고 한다. 다행히 수학 성적이 우수한 덕분에 친구들과 선생님이 아이를 바라보는 태도가 달라졌다고 한다. 학교 생활에 흥미를 느낀 것을 계기로 작은딸은 공부에 관심을 더 갖기 시작했고 결국 서부 명문대 중 하나인 UC버클리에 진학했다.

작은딸은 조기 영어 교육을 제대로 받지도 않았고 남들처럼 중1 때부터 영어를 배우기 시작했지만 고등학생 때는 논문 대회에 나가서 상도 받고 학술 저널에 논문을 게재할 정도로 실력이 늘었다. 이제는 방학에 맞춰 한국에 들어오면 내 영어 발음을 교정해줄 정도로 영어 실력이 출중해졌다.

◇ ◇ ◇

영어권 국가에서 태어나거나 어린 시절에 외국에서 몇 년 살거나 조기교육을 받아 어려서부터 한국어와 영어를 동시에 익히면 확실히 장점이 많다. 문법, 표현 등을 공부하지 않아도 감각으로 알 수 있고 머릿속에서 문장을 정리할 필요 없이 편하게 말할 수 있다. 두 언어를 함께 공부하면 지능이 발달하고

_꿈을 이루는 열정의 태도

사고가 유연해지고 사교성도 좋아진다는 연구 결과도 있다. 언어학자들도 가급적 어린 시절부터 두 언어에 노출시키는 것이 좋다고 입을 모은다.

하지만 작은딸을 보면 꼭 정답이 있는 것은 아니라는 생각이 들었다. 어린 시절부터 두 언어를 한꺼번에 익히는 것을 힘들어하는 아이도 있을 수 있다. 작은딸처럼 영어가 나올 때마다 울음을 터뜨리거나 구석에 숨고 겁에 질리는 아이도 있기 마련이다. 영어에 두려움을 가진 아이에게 조기교육을 강요하면 오히려 역효과가 날 수 있다. 오히려 아이 스스로 새로운 언어에 관심을 가질 때까지 기다리고 천천히 노출시키는 것이 좋다.

또 어린 시절부터 영어를 익혔다 해도 고급 영어는 반드시 따로 공부를 해야 한다. 고급 표현, 풍부한 어휘, 문장력, 세련된 발음과 억양 같은 것들은 제아무리 원어민이라도 노력해야 얻을 수 있는 것들이다. 언어는 곧 사고력과 함께 발달하는 것이기에 청소년 시기에는 억지로 가르치려들기보다 책을 많이 읽도록 권하고 세상의 여러 문제에 관심을 갖게 하면서 토론을 하는 것이 나을 수 있다. 그렇게 지능과 사고력을 발달시키면 영어 공부를 조금 늦게 시작해도 얼마든지 따라잡을 수 있다.

비록 나는 내 할 일을 하느라 바빠 두 딸들에게 헌신하는 엄마는 아니었다. 하지만 그래도 아이들을 키우는 동안 잘한 것이 있다면 아이들에게 무리하게 강요하지 않았다는 것이다. 작은딸이 영어 공부를 완강하게 거부했을 때 나는 모든 것을 내려놓았다. 영어 동시통역사인 내가 딸의 영어 교육을 포기하기까지는 엄청난 용기가 필요했다. 정말 수만 번 마음을 비워야 했다.

돌이켜보면 그냥 아이를 믿고 기다리면 될 일인데 왜 그렇게 마음을 졸였나 싶기도 하다. 아이에게 뭔가를 가르치고 싶은 마음은 굴뚝같아도 아이 스스로 깨닫고 배우기까지 믿고 기다리면 된다. 영어는 아이가 준비될 때까지 기다려줄 것이다.

_ 꿈을 이루는 열정의 태도

인공지능에
질 수는 없습니다

2015년 무렵에 열린 한 국제회의에서 동시통역을 하고 있을 때의 일이다. 당시 전 세계적으로 문제가 된 국제분쟁, 지역문제 등에 대해 토론하는 회의에서 시리아 난민 문제가 언급됐다. 한창 통역을 하는 도중에 내가 "시리아"라고 말할 때마다 파트너의 휴대전화에서 알 수 없는 소리가 났다. 때마침 파트너가 화장실에 가는 바람에 휴대전화에서 왜 소리가 나는지 알 길이 없었다. 파트너가 돌아와 휴대전화를 끌 때까지 거의 10분 동안 "시리아"를 말할 때마다 긴장하며 진땀을 흘려야 했다.

나중에야 진상을 알게 됐다. 파트너의 휴대전화가 아이폰이어서 "시리아"라고 말할 때마다 AI 비서인 시리Siri가 "네~!" 하며 응답을 했던 것이다. 당시 나는 아이폰을 쓰지도 않았고, 휴대전화의 인공지능에 대해서도 큰 관심이 없어서 AI가 내 말에 대답했을 거라고는 상상도 못 했다.

그다음 해인 2016년에는 한국의 바둑기사 이세돌과 구글 딥마인드 알파고의 세기의 대결이 펼쳐졌다. AI가 인간과의 체스 대결에서 인간을 이긴 것은 오래전 일이지만 그동안 바둑 대결에서 인간을 이긴 적은 없었기에 전 세계적으로 엄청난 관심을 모았다. 결과는 4승 1패로 알파고의 승리. AI 기술이 한 차원 더 높은 단계로 올라섰다는 것을 알린 신호탄이었다.

이후 AI는 다양한 분야에서 인간을 뛰어넘는 능력을 보여주고 있다. 특히 번역 분야에서 활용되는 AI 기술은 독보적이다. 물론 오래전부터 번역기 프로그램이 등장해 활용되고 있다. 하지만 AI 번역기의 등장은 위협적이라 할 만한 수준이다. 그동안 등장했던 번역기 프로그램은 단어와 문장을 입력하면 데이터와 연산 메커니즘을 바탕으로 단순히 다른 언어로 전환해 결과를 내놓는 방식에 지나지 않았다. 반면 AI 번역기는 자체적인 학습 알고리즘을 통해 수많은 번역 자료를 검토한 후 가장 자연스러운 번역 결과를 내놓는 방식으로 진화하고 있다.

_꿈을 이루는 열정의 태도

AI 번역기는 수십만 권의 세계 명작, 수천만 건의 리포트, 다양한 분야의 책과 영화 자막을 공부할 뿐만 아니라 매일 쏟아지는 뉴스와 SNS 게시물을 보며 끊임없이 학습하며 번역 실력을 진화시키고 있다고 한다. 전문가들의 설명대로라면 원문을 거의 완벽에 가깝게 번역할 날도 머지않은 듯하다. 그래서인지 요즘 들어 부쩍 이런 질문을 많이 받는다.

"AI가 번역을 이렇게 잘하는데, 과연 통역사라는 직업이 미래에도 살아남을 수 있을까요?"

◇ ◇ ◇

나는 먼 미래를 내다보지는 못한다. 먼 미래, 어쩌면 50년 후라면 정말 AI가 모든 인간 통역사를 대체해 통역사라는 직업이 사라져버릴지도 모른다. 하지만 10~20년 정도의 가까운 미래를 생각한다면, 간단한 비즈니스 회의에서는 AI가 통역사를 대체할지 몰라도 국제회의 동시통역까지 대체하기는 어렵지 않을까 생각한다.

국제회의 통역사의 역할은 말을 문자 그대로 통역하는 데 그치지 않는다. 회의의 분위기, 연사의 감정 상태, 말의 뉘앙스 등을 잘 파악해 눈치와 요령을 발휘해야 하는 직업이다. AI가 언어를 완벽하게 익히는 것은 가까운 미래에 가능할지 몰라도 회의의 분위기와 연사의 감정까지 읽고 눈치껏 행동할 수 있으려면 시간이 꽤 걸릴 것이다.

또 AI의 한결 같은 말투가 장시간 이어지는 회의에 적합할지도 생각해봐야 한다. 실제로 '텍스트 투 스피치' 서비스의 말투가 과거에 비해 상당히 자연스러워진 것은 사실이지만 영어 공부를 하면서 계속 듣기에는 좀 피곤함을 느꼈다. 늘 변함없는 톤으로 말하는 것을 듣기가 부자연스럽기 때문이다.

반면 인간 통역사는 발화자의 표정을 보고 말투를 들으면서 자신의 통역에 모든 것을 담아내려고 노력한다. 발화자가 웃을 때는 웃음을 담고, 정색을 할 때는 단호함을 담는 식이다. 심지어 연사가 눈물을 흘릴 때 통역사도 연사의 마음에 감화돼 눈물을 흘릴 때도 많다. 아직까지는 AI가 인간의 감정까지 섬세하게 전달하지 못하는 듯하다. 특히 영어에는 같은 표현이라도 좋은 의미와 비꼬는 의미로 나눠 쓰는 경우가 정말 많다. 이때 통역사의 역할이 정말 중요하다.

Wow! You are the best!

이 말은 "와, 당신 최고예요!"라는 칭찬의 의미일 수도 있지만, "흥, 당신 정말 잘났네!"라는 비꼬는 의미일 수도 있다.

_꿈을 이루는 열정의 태도

You deserve it!

이 말을 좋은 표정으로 말하면 "당신은 이걸 누릴 자격이 충분해요!"라는 뜻이지만, 떨떠름한 표정으로 말하면 "당신은 이런 일을 당해도 싸요!"라는 뜻일 수 있다.

You made my day!

이 말 또한 "당신 덕분에 오늘 하루가 특별해졌어요!"라는 감사의 표현일 수 있지만, "너 때문에 오늘 하루 끝내주는구나!"라는 비꼬는 표현일 수 있다.

좋은 통역사라면 발화자가 이런 말을 했을 때 좋은 어감인지 비꼬는 어감인지를 귀신같이 알아듣는다. 그리고 발화자의 어감을 그대로 전달할지, 혹은 살짝 완화해서 전달할지 판단한다. 과연 AI가 발화자가 내뱉은 말의 어감 차이를 이해하고 지금 이 시점에서 어떻게 옮기는 게 좋을지 판단할 수 있을까? 만약 인간 통역사라면 자신을 고용한 클라이언트의 편에서 무엇이 더 좋을지 판단해서 통역할 것이다. 과연 AI 통역사라면 누구의 편에서 통역하게 될까? 또 자신이 누군가의 편이 된다는 사실을 AI가 이해할 수 있을까?

AI 번역기와 비슷한 예로, 애플에서 AI가 읽어주는 오디오

3장 원하는 것을 내 손으로 얻어라

북 서비스를 준비하고 있다는 소식을 들었다. AI가 연기자처럼 풍부한 감정을 살려 글을 읽어주는 기술을 구현했다고 한다. 그렇다고는 해도 그것은 어디까지나 오디오북일 뿐이다. 사전에 제작되는 오디오북은 AI의 목소리 톤을 조절해 최상의 결과를 선택해 편집할 시간적 여유가 있다. 하지만 통역은 언제나 리얼타임real-time, 즉 실시간으로 이뤄지는 분야다. 현장에서 즉흥적으로 나오는 말을 과연 AI가 감정을 담아 다양한 톤으로 통역할 수 있을지 의문이다.

◇ ◇ ◇

전 세계에서 통번역에 가장 많은 예산을 쓰는 단체는 EU다. EU 집행위원회, EU 의회, EU 정상회의, EU 사법재판소 등에서 총 2천여 명의 번역사와 700여 명의 통역사를 상근직으로 고용하고 있다. 별도로 프리랜서 통역사도 연간 3~4천 명 수준으로 고용한다. 2013년 발표된 자료에서는 통번역 예산이 10억 유로(한화 1조 4,000억 원)라고 밝혔는데, 이는 EU 예산의 1퍼센트에 이르는 규모다.

막대한 비용을 지출하는 만큼 EU에서도 통번역 비용을 줄이기 위해 갖은 노력을 쏟고 있다. 통번역 부서에 대한 감사를 실시해 통역사 과잉 고용, 중복 번역 등을 줄이려는 노력은 물론, 번역기 도입을 계속 시도해왔다. 2017년에는 한층 더 정확한 번역을 위해 직접 AI 전문 업체와 협력해 'EU 프레지던시 트랜슬레이터'EU Presidency Translator라는 인공지능 번역 서비스도 내놓았다. 애초에 EU 의장국의 업무를 지원하기 위해 개발한 서비스인데 현재는 EU 내에서 이뤄지는 모든 회의와 서류 번역에도 활용하고 있다. 다만 여전히 번역의 결과가 '로 퀄리티'raw quality, 즉 가공이 덜 된 날것 수준이어서 인간 번역사의 도움을 거쳐 정확한 번역으로 다듬어야 한다고 한다. 그래서인지 EU의 통번역 예산이 줄어들었다는 소식은 없다.

한국에서도 역시 AI를 통번역에 활발히 활용하고는 있지만 아직 통번역가의 수요가 위협을 받을 수준은 아니다. AI의 등장 이후 번역 시장은 오히려 더 커지는 추세다. AI로 엄청난 양의 문서를 초벌 번역하지만 그 결과에 대한 교정을 다시 번역가에게 의뢰하는 식으로 일자리가 크게 늘어났기 때문이다. 번역가들 역시 문서를 번역할 때 간단한 문장 정도는 AI를 활용해 업무 효율을 높인다.

통역사도 마찬가지다. 현재 통역사의 수요는 과거 어느 때보다도 늘어나는 추세다. 프리랜서 수요는 말할 것도 없고, 정부기관과 기업들의 인하우스 통역사 고용도 크게 늘었다. 예전에는 인하우스 통역사가 거의 수행통역만 하는 데 그쳤지만 지금은 세계화에 걸맞게 기업에서도 국제회의나 글로벌 임원회의를 자주 실시하는 덕분에 동시통역을 할 수 있는 통역사를 선호한다. 동시통역 실력만 충분하다면 통역사로서의 취업은 아직까지는 걱정할 수준이 아니며 프리랜서로도 충분히 활동할 수 있다.

나는 AI 때문에 일자리가 사라지지 않을지 걱정하는 제자들을 보면 그런 걱정은 기우에 불과하다고 말하며 안심을 시킨다. 그보다는 동시통역 실력을 기르는 데 매진하라고 조언한다.

실제로 통역대학원이 늘어나고 매년 수백 명씩 졸업자를 배출하는 통계를 보면 동시통역사가 많을 것 같지만, 사실상 국제회의를 문제없이 소화하는 동시통역사는 그리 많지 않다. 대규모 국제회의들이 한날한시에 여러 곳에서 개최되거나 한 국제회의에서 세션이 여러 개로 나뉘어 몇십 명의 통역사가 필요한 상황이 되면 통역에 막힘이 없는 훌륭한 통역사를 구하지 못해 주최기관에서는 발을 동동 구를 정도다.

AI에 일자리를 빼앗길 걱정은 하지 말고 자신의 실력부터 길러야 한다. 통역 실력만 있다면 지금은 물론이고, 20년 후에도 30년 후에도 자신을 불러주는 곳은 얼마든지 있을 것이다.

_꿈을 이루는 열정의 태도

베테랑의 공부

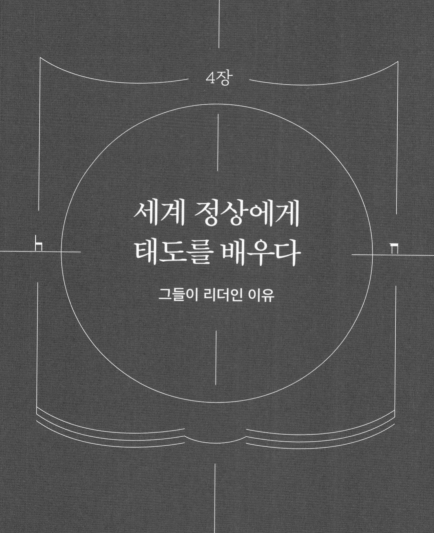

4장

세계 정상에게
태도를 배우다

그들이 리더인 이유

세상은 다양한 사람들이 얽혀 살아가는 곳이다. 그리고 사람은 언어로 소통하고 이어진다. 서로에 대한 관심을 잃지 않고 따뜻한 마음으로 건네는 스몰토크가 많아져 함께 살아가는 세상이 더 밝아졌으면 하는 바람이다.

내게는 '미셸'Michelle이라는 외국 이름이 있다. 포르투갈에 살던 시절에 친구들이 '종령'이라는 내 이름을 부르기가 힘들다며 지어줬다. 친구들은 '다니엘라', '카롤리나', '샤론' 등 여러 이름을 후보로 놓고 고민했는데 그중 내게 제일 잘 어울린다며 골라준 것이 '미셸'이다.

한국에 돌아온 이후 외국 이름을 쓸 일이 전혀 없었다. 그런데 통역사가 되고 외국 손님들을 수행통역하게 되면서 내 이름을 묻는 질문에 나도 모르게 불쑥 미셸이라는 옛 이름이 튀어나왔다.

"네, 제 이름은 미셸입니다. 만나서 반갑습니다."

통역을 하면서 미셸이라는 옛날 이름 다시 사용하고 정을 붙이게 됐다. 앞으로 외국 손님을 계속 수행하려면 적극적으로 영어 이름을 써야겠다 싶어 명함에도 "Michelle Jong Ryung LIM"(미셸, 종령 임)이라고 적어 넣었다.

그런데 생각보다 내 이름을 묻는 사람이 많지 않았다. 한국인 VIP도 외국인 VIP도 대부분 통역사 이름까지는 별로 신경 쓰지 않는다. 수행비서가 "이분이 통역사입니다"라고 나를 소개하면 대부분 그냥 눈만 마주치고는 고개를 까딱하며 인사를 한다. "반갑습니다, 잘 부탁합니다" 하고 악수를 청하는 분들은 꽤 친절한 축에 속한다. 환히 웃으며 내 이름을 묻는 경우는 정말 매우 드물 뿐만 아니라 그 정도면 정말 대단히 친절한 것이다.

◇ ◇ ◇

1999년에 방한한 엘리자베스 2세 여왕을 수행하게 됐을 때에도 나는 큰 기대를 하지 않았다. 머릿속으로는 오직 실수 없이 그림자처럼 여왕을 수행해야 한다는 생각뿐이었다. 드디어 여왕을 처음 만난 순간, 왕실 인사법이라고 알려준 대로 왼발을 뒤로 빼고 무릎을 굽혀 인사를 하고 얼른 여왕의 뒤로 물러났다. 그 순간 여왕이 내게 물었다.

"이름이 뭔가요?"

나는 깜짝 놀라고 말았다. 여왕이 고개를 돌려 내 눈을 바라보며 내 이름을 묻고 있었다.

"미… 미셸이라고 합니다."

"반가워요, 미셸."

곧이어 누군가가 여왕에게 말을 걸어와 여왕이 대답을 했고 나는 통역을 시작했다. 나는 내색하지 않고 통역에 집중했지만 정말 깜짝 놀랐다. 여왕의 푸른 눈이 내 얼굴을 정면으로 바라보며 말을 걸었다는 사실이 믿기지 않았다. 여느 VIP들에게서 보기 드문 친절함을 여왕이 내게 보여준 것이다.

이어진 3박 4일은 놀라움의 연속이었다. 3일째 되는 날은 마침 여왕의 73세 생일이었다. 안동 하회마을에서는 여왕의 생일을 축하하는 생일상을 차려줬다. 여왕은 생일상에 올라온 47가지에 이르는 궁중음식을 하나하나 맛보며 감탄했다.

"정말 맛있어요! 놀라운 맛입니다!"

정말 음식이 맛있기도 했겠지만 아마도 음식을 준비한 사람들에 대한 배려로 더욱 기뻐하는 모습을 보여주는 것 같았다.

여왕은 하회 별신굿놀이를 보면서도 매우 흥미로워하며 무슨 내용인지, 탈의 의미가 무엇인지 꼼꼼하게 질문했다. 도

_그들이 리더인 이유

지사가 생일 선물로 족두리를 줬을 때에도 그 의미를 귀 기울여 듣고 한참을 들여다보며 기뻐했다. 하회마을의 여인들이 김장을 담그는 시연을 할 때에는 그들에게 몇 가지 질문도 하고 고개를 돌려 나에게 "미셸도 저렇게 한복을 입고 김치를 담나요?"라며 쌩긋 웃기도 했다.

하회마을의 충효당을 방문했을 때에는 정말 놀라운 일이 벌어졌다. 충효당은 풍산 류 씨 가문의 고택으로 서애 류성룡 선생의 종가이기도 하다. 여왕은 툇마루에 오를 때 댓돌에 신발을 벗고 올라가는 것이 한국 예법이라는 말에 주저 없이 신발을 벗었다. 영국 왕실의 전통에 따르면 여왕은 절대 맨발을 보이지 않아야 한다. 누군가 여왕에게 신발을 선물했을 때 "여왕께서는 신발을 신을 발이 없으시다"라며 돌려보냈다는 말이 역사에도 남아 있을 정도다.

그처럼 엄격한 왕실의 예법을 따르는 여왕이 맨발로 충효당의 마루를 밟고 방을 둘러보고 있었다. 심지어 그 모습이 온 세상에 중계되기까지 했다. 왕실의 기품보다 방문국에 대한 예의를 우선으로 여기는 여왕의 마음을 느낄 수 있는 장면이었다.

그런데 여왕이 마치 이웃집 할머니처럼 인자하고 친절해 내 긴장이 풀려버린 탓일까? 다음 날 아침 여왕을 뵌 순간, 나는 전에 없던 실수를 하고 말았다. 여왕이 입고 있던 밝은 색

4장 세계 정상에게 태도를 배우다

옷이 너무 예뻐 그만 칭찬을 하고 만 것이다.

"여왕님, 오늘 의상이 정말 멋집니다. 무척 아름다우세요."

나는 칭찬의 말을 뱉어놓고서 스스로도 화들짝 놀랐다.

'지금 내가 무슨 짓을 한 거지?'

무릇 통역사는 VIP에게 사적인 말을 해서는 안 된다. 통역사는 철저하게 통역을 하는 사람이기에 개인적 의견을 전달하고 감정을 전하는 것은 금물이다. 내가 실수한 것에 당황해 얼굴이 빨개져 있는 그때, 여왕이 조용히 웃으며 말했다.

"그렇죠? 사람들 눈에 잘 띄겠죠?"

당시에는 여왕이 언짢아하지 않고 내 말을 받아준 것이 황송해 그 의미를 잘 몰랐다. 하지만 시간이 지나면서 깨달았다. 한국 방문 기간 내내 여왕은 밝고 화사한 옷을 입고 있었다. 수많은 인파가 여왕을 보고자 몰려들 테니 멀리서도 눈에 잘 띄도록 밝은 옷을 골라 입었다는 사실을 나중에야 알게 됐다.

실제로 엘리자베스 2세 여왕이 2009년에 미국을 국빈 방문했을 때 의상이 큰 화제가 됐다. 한 패션지에서는 여왕의 의상을 분석하면서 "군중들이 165센티미터의 작은 몸을 멀리서도 뚜렷하게 볼 수 있게 만드는 것이 가장 큰 목적"이라고 설명했다. 엘리자베스 2세 여왕이 큰 모자에 밝고 화사한 옷을 입는 데는 그런 숨은 이유가 있었다.

국빈 방문 당시 미국에서도 여왕의 행동은 큰 감동을 선사했다. 참고로 영국 왕실의 예법상 여왕은 절대로 만져서는 안 되는 존재다. 여왕도 악수나 팔짱, 포옹, 터치 등의 친밀한 행동을 일절 하지 않는다. 1992년 호주 수상이 기념사진을 찍으면서 여왕에게 팔을 둘러서 엄청난 비난을 받은 적이 있을 정도다.

하지만 2009년 미국 방문 당시 만찬장에서 여왕이 먼저 미셸 오바마 여사에게 다가가 등을 손으로 살짝 터치한 일이 있었다. 그에 화답하듯 오바마 여사도 여왕의 등을 친근하게 터치하면서 다정한 장면이 연출됐다. 미국 언론과 영국 언론에서는 "전례 없는 여왕의 애정 표현"이라고 보도하며 여왕의 깜짝 행동에 놀라움을 금치 못했다. 왕실의 규범을 고수하기보다 방문국의 분위기에 맞게 친절하고 친근하게 행동하는 여왕의 모습이 미국에서도 그대로 이어진 것이다.

◆ ◆ ◆

그후 2022년 9월 8일, 여왕의 서거 소식이 들려왔다. 비록 짧은 인연이었지만 인자한 여왕의 얼굴이 떠올라 하루 종일 일이 손에 잡히지 않았다. 푸른 눈으로 나를 바라보며 "이름이 뭔가요?"라고 묻던 모습이 선했다. 감사하게도 영국대사관에서 여왕과 나의 인연을 기억하고 조문할 수 있게 배려해줬지만 미

수련(단편)(1912년경), 클로드 모네

리 잡아둔 통역 일정 때문에 가지 못한 것이 너무 안타깝다.

"Oh, Kindness. What a simple way to tell another struggling soul that there is love to be found in the world." 오, 친절이여. 고단한 영혼에게 세상에 여전히 사랑이 있음을 알리는 얼마나 간단한 방법인가!

미국 시인 앨리슨 말리Allison Malee의 글이다. 리더가 베풀 수 있는 가장 강력하고도 가장 따뜻한 선물이 친절이 아닐까. 친절과 권위는 상충하는 것이 아니다. 진정한 리더는 친절을 통해 더 큰 권위를 얻는다. 부디 엘리자베스 2세 여왕이 좋은 곳에서 편히 쉬고 계시길 간절히 기도한다.

4장 세계 정상에게 태도를 배우다

덴마크 국민들이
그녀를 사랑할 수밖에 없는 이유

엘리자베스 2세 여왕을 수행한 이후, 여러 왕족들을 수행할 기회가 있었다. 그중에서도 덴마크의 메리 도널드슨Mary Donaldson 왕세자비가 기억에 남는다.

메리 왕세자비는 2012년 여수엑스포에 참석하기 위해 남편 프레데릭 크리스티안Frederik Christian 왕세자와 함께 한국을 찾았다. 같은 시기 모나코 국왕 부부와 스웨덴 국왕 부부도 방한했는데 한국 대중이 가장 열광한 건 단연 덴마크 왕세자 부부였다. 젊고 아름다운 부부, 그것도 동화 같은 러브 스토리로 잘 알려진 부부이기에 세간의 관심이 집중됐다.

◆ ◆ ◆

메리 왕세자비는 호주의 평민 출신이다. 대학 교직원인 어머니와 대학 교수인 아버지 사이에서 태어나 착실하게 공부하고 직장생활을 해온 평범한 여성이다. 2000년 시드니 올림픽이 한창이던 어느 날, 그녀는 친구를 만나기 위해 한 술집에 갔다. 그곳에서 올림픽에 출전하러 온 덴마크 요트 대표팀 선수 한 명을 소개받았다. 훤칠한 키에 귀여운 외모를 가진 그에게 메리는 호감을 느꼈다. 그 역시 메리의 당당하고 밝은 에너지에 크게 매료됐다. 올림픽 기간 동안 몇 번의 데이트를 한 후, 남자는 자신의 신분을 밝혔고 메리는 자신의 귀를 의심했다.

"나는 덴마크의 왕세자입니다."

그때부터 메리의 인생은 180도로 달라졌다. 어쩌다 보니 한 나라의 국왕이 될 왕세자를 사랑하게 된 것이다. 앞으로 그와 함께하려면 많은 난관을 뛰어넘어야 했다. 무엇보다 자신의 인생항로를 완전히 다시 설계해야 했다. 하지만 메리는 기꺼이 연인과 함께하기로 마음을 먹었다.

우선 코펜하겐으로 이주해 덴마크의 언어와 역사를 공부하면서 본격적으로 왕세자비가 될 준비를 시작했다. 처음에는 두 사람의 결혼에 부정적이던 마르그레테 2세Margrethe II 여왕도 메리를 만난 후 생각이 바뀌었다. 아름다운 외모, 품위 있는 말

씨와 행동, 그리고 불과 1~2년 만에 덴마크어를 거의 완벽하게 구사하게 된 그녀의 노력에 감동을 받은 것이다. 이후 두 사람은 일사천리로 결혼을 했고 2004년 메리는 공식적으로 덴마크의 왕세자비가 됐다.

2012년 왕세자 부부가 한국을 방문했을 때, 두 사람은 이미 슬하에 네 명의 자녀를 둔 결혼 8년 차 부부였다. 당시 나는 메리 왕세자비가 아니라 프레데릭 왕세자의 통역을 전담했기에 메리에게 관심을 가질 겨를이 없었다. 처음에는 그저 정말 아름답고 환한 미소로 주변까지 밝게 만드는 햇살 같은 사람이라는 정도로만 다가왔다.

방한 4일째, 왕세자는 휴식을 취하고 왕세자비가 아동병원을 방문하는 일정이 잡혀 있었다. 다들 방한 일정을 쉴 틈 없이 소화하느라 몹시 피곤한 상태였다. 게다가 왕세자가 쉰다고 하니 나도 잠시 쉬어야겠다고 생각할 찰나였다. 그때 수행 비서가 나를 찾더니 왕세자비 일정에 동행해달라고 부탁을 했다. 그렇게 얼떨결에 왕세자비 통역을 맡게 됐다.

왕세자비와 함께 나란히 승용차 뒷좌석에 탔을 때, 나는 왕세자비가 피곤함을 달래기 위해 이동하는 동안 쉴 거라고 생각했다. 그런데 그녀는 가방에서 작은 수첩을 하나 꺼내더니 나에게 질문을 퍼붓기 시작했다.

_그들이 리더인 이유

"지금 우리가 가는 병원에 대해 제가 조사를 좀 했는데 이게 맞나요?"

"병원에서 제가 만날 사람들 이름인데, 발음을 가르쳐주시겠어요?"

"이런 말은 한국어로 어떻게 발음하나요?"

"혹시 이건 예절에 어긋나는 건가요? 한국식으로 제대로 하려면 어떻게 해야 하나요?"

나는 왕세자비의 태도에 깜짝 놀랐다. 한 나라의 왕세자비 정도면 웬만한 매너에 대해서는 알 만큼 다 알고 있을 테고, 설혹 방문할 곳에서 만난 사람의 이름을 모르거나 발음이 이상해도 외국인이니 이해해주지 않겠냐며 넘어갈 줄 알았는데, 그녀는 그렇지 않았다. 한국의 예의범절을 세심히 챙기고, 만나는 사람들의 이름 하나하나까지 발음을 확인하는 등 여전히 더 좋은 모습을 보이기 위해 애쓰고 있었다.

병원에 도착해서도 왕세자비의 행동은 다시 한번 나를 놀라게 했다. 그날 왕세자비는 흰색 재킷을 입고 있었는데 아이들과 대화를 나눌 기회가 생기자 거리낌 없이 바닥에 쪼그리고 앉았다. 침상에 누워 있는 아이들과 눈을 맞추기 위해 스스로 몸을 낮춘 것이다. 왕세자비는 아이들에게 "병원 생활은 어떠니?", "심심할 때는 뭐 하니?" 등의 질문을 했다. 그녀가 네 명의 자녀에게 얼마나 살뜰한 엄마일지 상상이 갔다. 남들에게 보여주기 위해서가 아니라 정말 진심으로 아이들에게 관심을 갖고 걱정하는 마음이 느껴졌다.

왕세자비에게 감동한 모습이 또 있었다. 영어가 모국어임에도 불구하고 일상생활에서 늘 덴마크어를 사용한다는 점이었다. 반나절 정도 함께 있는 동안 왕세자비는 통역이 필요한 말만 영어를 사용하고 수행원들과 대화할 때는 꼭 덴마크어로 유창하게 말했다. 자신이 덴마크를 대표하는 왕실의 일원임을 잊지 않으려는 노력의 일환이라고 느껴졌다.

◇ ◇ ◇

메리 왕세자비는 나에게 깊은 인상을 남기고 덴마크로 돌아갔다. 이후 다시 만날 기회는 없었지만 언론을 통해 그녀의 소식을 계속 들을 수 있었다. 특히 2019년 그녀가 여왕의 요청으로 '섭정'regent에 임명됐다는 소식을 들었을 때 마치 내 친구의 일인 것처럼 반가웠다.

섭정은 왕위 계승자들이 외국을 방문하거나 자리를 비울 때 왕의 역할을 대신 수행하는 자리다. 비록 왕위 후계 순위상 왕세자 다음으로 왕자가 있지만 너무 어린 관계로 왕세자비에게 섭정을 맡긴 것이다. 1972년 현 여왕의 어머니인 스웨덴 공

_그들이 리더인 이유

주 출신의 잉리드 왕비가 섭정에 오른 이후 덴마크 왕족이 아닌 사람이 섭정 자리에 오른 것은 두 번째라고 한다. 여왕이 먼저 나서서 요청을 했다는 것은 그만큼 며느리에 대한 신뢰가 깊다는 징표일 것이다.

메리 왕세자비는 덴마크 국민이 가장 사랑하는 왕족이기도 하다. 결혼 이후 철저히 덴마크 사람으로 살아가며 덴마크의 이미지를 높이는 데 최선을 다하고 있다. 해외를 방문할 때는 늘 덴마크 디자이너의 옷을 입고, 덴마크의 요리, 영화, 미술, 음악 등을 홍보하는 행사에는 반드시 참석한다. 또 세계보건기구WTO와 함께 '비만에서 벗어나기' 캠페인을 벌이고, 외국인 이민 가정에 생활비를 지원하고, 난민들에게 덴마크 언어 교육 프로그램을 제공하는 등 자선 활동을 꾸준히 펼치고 있다. 이처럼 늘 밝은 미소를 잃지 않고 소박하고 친근하게 행동하는 메리 왕세자비에 대한 덴마크 국민들의 사랑은 어쩌면 당연한 것인지도 모르겠다.

◇ ◇ ◇

2022년 메리 왕세자비는 50세 생일을 맞았다. 원래는 공식 생일 파티 및 행사를 기획했으나 코로나19 팬데믹으로 모두 취소됐다고 한다. 당시 수많은 사람이 왕세자비의 생일을 축하

4장 세계 정상에게 태도를 배우다

하기 위해 궁을 찾았다. 왕실 전통에 따르면 발코니에 나가 손을 흔들어주는 정도면 충분하다. 하지만 메리 왕세자비는 직접 아이들과 함께 마당으로 나와 시민들과 눈을 마주치며 감사의 인사를 전했다.

나는 왕세자비의 생일 소식을 영상을 통해 접했는데, 화장기 하나 없이 청바지에 터틀넥을 입고 뿔테 안경을 낀 내추럴한 모습이 너무나 아름다웠다. 그녀가 손을 흔들며 감사의 뜻을 전하자 시민들은 너나없이 함께 생일 축하 노래를 불러줬다. 온 국민에게 그토록 깊은 사랑을 받는 왕족이 메리 왕세자비 말고 또 있을까 싶었다.

메리 왕세자비를 보면서 사랑의 힘에 대해, 그리고 진정한 아름다움에 대해 생각하게 된다. 사랑 때문에 덜컥 왕세자비가 된 그녀는 사랑에 따라오는 책임들을 최선을 다해 수행했다. 또 늘 베풀고 도우며 선한 영향력을 펼치고 있다. 그녀가 아름다운 이유는 마음이 아름답기 때문이다. 외모도 중요하지만 메리 왕세자비처럼 나도 마음을 예쁘게 돌봐야겠다는 생각을 50대 중반의 나이에 들어서면서 다시금 되새겨본다.

스몰토크까지 준비한
영부인 힐러리

1996년 클린턴 대통령 부부가 방한했을 때, 나는 미국 대사관 수석 통역사로서 힐러리 클린턴 영부인의 수행통역을 맡았다. 수행통역을 맡으면 수행할 분의 기본 정보와 이력, 그리고 이야기를 나눌 주제에 대해 꼼꼼하게 조사하는 것이 원칙이다. 당시에도 일주일 전부터 영부인에 대해 자료를 꼼꼼히 읽으며 만반의 준비를 했다.

사실 그해 미국 대통령 부부의 방한은 좋은 분위기에서 이뤄지진 않았다. 북한이 판문점 공동경비구역 내에 무장병력을 투입하고 대규모 전폭기 훈련을 실시하는 등 정전협정을 무력화하려는 시도를 하고 있었기 때문이다. 이에 한국과 미국, 두 나라 정상이 함께 대북정책 기조를 정리하기 위해 클린턴 대통령의 방한이 급하게 결정된 것이다. 일정도 반나절만 머물고 떠나는 만남이기에 정상회담 장소를 제주도의 한 호텔로 정했다.

클린턴 대통령과 김영삼 대통령이 정상회담을 하는 동안 힐러리 여사와 손명순 여사도 오찬을 가졌다. 그 자리에는 주한 미국 대사였던 제임스 레이니의 부인, 주한 미사령관의 부인, 우리나라 외무장관 부인, 주미 한국 대사의 부인도 함께 자리했다. 영부인 간의 오찬 자리였기에 한반도 정세 같은 정치적 이야기를 제외하고 편안한 분위기를 만드는 대화들이 오갔다.

그런데 나는 대화가 시작되면서 힐러리 여사가 던진 말 한마디 한 마디에 놀라지 않을 수 없었다.

"제주도의 유채꽃이 정말 아름답다고 들었습니다."

"제주도는 세 가지가 많은 섬이라고 들었습니다. 돌, 바람, 여자가 많다지요?"

"바람이 많아서 돌담집들이 생겼군요."

"제주도 해녀의 역사가 삼국시대까지 거슬러 올라간다지요? 정말 놀라운 여성들입니다."

_그들이 리더인 이유

"돌하르방이 돌로 만든 할아버지라는 뜻이라고 들었습니다."

힐러리 여사는 한 시간가량 진행될 식사자리를 위해 나름대로 대화거리를 열심히 준비해온 듯했다. 손명순 여사도 힐러리 여사의 제주도에 대한 박식함에 놀라워하면서 즐거워했다.

"클린턴 여사님께서 제주도에 대해 이렇게 많이 알고 계시다니 정말 놀랐습니다. 관심을 가져주시니 정말 감사합니다. 우리 국민들이 미국의 하와이 같은 존재로 여기며 사랑하는 섬입니다."

"돌하르방은 예전에는 수호신이었고 지금은 제주도를 상징하는 얼굴이 되었습니다. 제주도를 찾는 사람들은 누구나 돌하르방을 보고 갑니다."

오찬은 그렇게 제주도를 주제로 한참 동안 이야기꽃이 이어졌다. 그런데 화제가 떨어질 무렵, 힐러리 여사가 또 다른 이야깃거리를 꺼냈다.

"작년 9월 세계여성대회에서 손 여사님이 하신 연설이 정말 감동적이었습니다."

그러자 손명순 여사가 깜짝 놀라 대답했다.

"아니, 그걸 기억해주시다니, 정말 고맙습니다. 클린턴 여사님의 연설도 매우 인상적이었습니다."

4장 세계 정상에게 태도를 배우다

"과찬이십니다. 저보다 여사님이 박수를 훨씬 많이 받으셨습니다. 그때 여사님이 연설에서 '여성은 하늘의 절반'이라는 중국 표현을 소개하셨죠?"

"맞습니다. 마오쩌둥이 한 말이라고 합니다. 마오쩌둥이 여성의 사회 참여를 유도하기 위해 '하늘의 반쪽은 여성이 떠받친다'고 말했습니다. 제가 그걸 인용한 것입니다."

정말 놀랍게도 힐러리 여사는 손명순 여사에게 딱 맞는 맞춤 이야깃거리들을 준비해왔다. 하나가 아니라 여러 가지를 준비해 와서 이야깃거리가 떨어질 때마다 하나씩 꺼내고 있었다. 상대방이 듣기에 좋을 만한 화젯거리들을 수시로 꺼내며 계속 이야기가 이어지도록 노력하는 모습이 인상적이었다.

심지어 힐러리 여사는 손명순 여사 이외에도 동석한 외무장관의 부인과 주미대사의 부인에 대해서도 사전 조사를 해온 듯했다. 세 분이 모두 여대 출신이라는 것을 어찌 알았는지 자신도 여자대학교를 나왔다면서 여자대학교의 장점에 대해 재미있는 이야기를 꺼냈다.

"여자대학교에는 여성들만 있기 때문에 뭐든 다 여성들이 해야 하죠. 남성의 리더십에 기대지 않고 여성들이 주도적으로 행동하는 습관을 기르게 됩니다."

"여러 연구에서도 여자대학교 출신이 자존감이 높고 졸업

캄머성 공원의 산책로(1912), 구스타프 클림트

후 직업에서 성공하거나 리더의 위치에 올라가는 확률이 높다고 합니다."

실제로 힐러리 여사는 미국에서 가장 오래된 여자대학교 중 하나인 웰즐리 칼리지에서 학사 과정을 밟았다. 우연으로 생각하고 넘어갈 수 있는 상대방의 이력까지도 꼼꼼히 조사해 손명순 여사뿐만 아니라 함께 자리한 모든 사람이 참여할 수 있는 주제를 준비해온 것이다.

그렇게 한 시간가량의 오찬 동안 힐러리 여사는 계속 새로운 화제를 꺼내며 대화가 끊이지 않게 만드는 노련미를 보여줬다. 또 자신이 말을 많이 하기보다 모든 사람이 동참할 수 있도록 많은 질문을 던지며 이야기를 이끌어갔다. 나뿐만 아니라 참석한 모든 분들이 힐러리 여사의 모습에 감동받았다.

◇ ◇ ◇

사람들은 보통 대화를 잘하는 사람을 보며 사교술이 좋다고 말한다. 또 성격이 좋고 사교술이 좋아서 말을 잘하고 화제를 잘 던진다고 쉽게 생각한다. 하지만 그렇지 않다. 모든 것은 준비하는 자세에 달려 있다. 보통 사람이라면 무거운 주제를 다루는 토론, 발표 등을 할 때나 사전 준비를 해야 한다고 생각하기 쉽다. 하지만 힐러리 여사는 분명 그날의 오찬을 위해 참석자들에 대해 파악하고 공통 관심사를 탐색하며 이야깃거리를 철저히 준비해왔을 것이다. 스몰토크small talk, 즉 간단한 환담에 불구한 시간을 위해 사전에 그 많은 준비를 해온 것이다.

해외에 나가서 사람들과 대화를 나눠보면 그들이 스몰토크에 굉장히 진심이라는 걸 알 수 있다. 호텔 로비, 엘리베이터, 식당에서 마주쳤을 때, 그들은 잠깐이라도 꼭 밝게 인사를 하고 간단한 이야기를 건넨다. 주로 잠을 잘 잤냐, 날씨가 어땠냐 같은 이야기로 시작해서 의상에 대해 칭찬하거나 그날 가장 화제가 되는 뉴스에 대해 얘기한다. 내가 한국인이라는 걸 알고는 "오늘 뉴욕에서 BTS가 콘서트를 한다네요"라며 말을 건넨 사람도 있었다. 서로 아는 사이건 그냥 스쳐 지나가는 사이건, 스몰토크를 나누면서 긴장을 풀고 하루의 기분을 좋게 만들려는 습관이 몸에 밴 것이다.

스몰토크는 사교 모임이나 비즈니스 미팅에서도 일상적으로 벌어진다. 인간관계를 시작하는 기본 기술이자 자신의 매력을 발산하는 방법으로서, 또 분위기를 좋게 이끌고 더 친밀한 관계를 만들기 위한 기술로서 적극적으로 활용되기 때문이다. 특히 고위직 인사들이 대중 앞에서 스피치나 발표를 하는 장면을 보면 시작에 앞서 꼭 가벼운 농담을 던지는 모습을 볼 수 있다. 언뜻 보기에는 즉흥적으로 매우 자연스럽게 이야기를 꺼내

4장 세계 정상에게 태도를 배우다

는 것 같지만, 사실 다들 머리를 쥐어짜서 준비해오는 것이다.

반면 우리나라를 비롯한 동양 문화권 사람들은 스몰토크에 취약하다. 서양 문화권 사람들이 날씨, 취미, 스포츠 등을 이야기하며 잠시 동안 즐거운 시간을 가지는 데 의의를 두는 것과 달리, 특히 우리나라에서는 상대방의 나이, 직업, 학교 등을 물으며 호구 조사를 하는 것이 일반적이다. 쉽게 말해 자신과 같은 부류인지 아닌지, 나보다 센지 약한지 탐색하려는 경향이 강하다. 이를 두고 낯선 사람보다는 사회생활을 통해 알게 된 사람들과 이야기를 나눌 때 안정감을 느끼는 문화적 요인의 영향이라고 분석하기도 한다.

◇ ◇ ◇

우리나라의 문화에 익숙해서인지 해외에 나가면 서양인이 아무 의도 없이 친절하게 스몰토크를 건네 올 때 굉장히 당황하게 된다. 사실 나도 그랬다. 엘리베이터에서 마주친 사람이 느닷없이 왜 나한테 날씨 얘기를 묻는지, 화장실 세면대에서 만난 여성이 왜 갑자기 내 목걸이가 예쁘다고 칭찬을 하는지 의아했다.

하지만 나중에 그것이 스몰토크 문화라는 것을 알게 된 후로는 연습을 많이 했다. 낯선 사람일지라도 내게 말을 걸어오

_그들이 리더인 이유

면 자연스럽게 웃으면서 대꾸해주고, 내가 먼저 기분 좋은 말 한마디를 건네기도 했다. 물론 처음에는 어색했지만, 점차 익숙해지고 심지어 즐기게 됐다. 특히 통역으로 꽉 찬 스케줄로 지쳐갈 때면, 낯선 사람이나 함께 일하는 사람들이 건네는 스몰토크가 의외로 기분 좋은 응원처럼 느껴졌다.

힐러리 여사의 수행통역 이후에도 스몰토크의 달인들을 여럿 만나봤지만 나는 여전히 힐러리 여사가 보여준 스몰토크의 기억을 잊을 수가 없다. 그녀의 스몰토크는 철저한 프로 정신에서 나온 정성이자 노력의 결과였다. 한 공간에 함께 있을 사람들에 대한 배려이자 자신이 맡은 역할에 대한 책임감 있는 태도이기도 했다.

세상은 다양한 사람들이 얽혀 살아가는 곳이다. 그리고 사람은 언어로 소통하고 이어진다. 서로에 대한 관심을 잃지 않고 따뜻한 마음으로 건네는 스몰토크가 많아져 함께 살아가는 세상이 더 밝아졌으면 하는 바람이다.

회장님들의 반전 매력

기업 총수라고 하면 다들 카리스마가 넘치고 냉철하고 독선적으로 행동하는 캐릭터를 떠올릴 것이다. 하지만 내가 통역을 하면서 만난 기업 회장들은 전형적인 이미지와는 거리가 멀었다. 오히려 매너 있고 친절하고 겸손했다. 특히 이름만 들으면 아는 큰 기업의 CEO일수록 더 자신을 낮추고 주변 사람들을 존중하는 모습을 보여줬다.

가장 먼저 기억나는 사람은 지금은 고인이 된 잭 웰치Jack Welch 제너럴일렉트릭General Electric, GE 회장이다. 내가 그를 만난건 우리나라가 IMF를 겪고 휘청거리던 때였다. M&A의 귀재로

_그들이 리더인 이유

알려진 그가 한국을 찾은 이유도 인수할 기업을 상대로 협상을 하기 위해서였다. 부실경영으로 휘청거리던 기업이니 대량 정리해고와 구조조정이 예고돼 있었다. 마치 이국의 장군이 칼을 빼 들고 달려오는데 우리 기업은 아무 저항도 하지 못하고 목을 내놓는 분위기였다. 한국 방문 목적에서 예상되는 분위기와 달리 직접 만난 잭 웰치 회장은 사뭇 달랐다. 한국 기업의 대표는 긴장한 표정으로 그를 맞이했지만, 오히려 웰치 회장은 90도로 허리를 숙이며 폴더 인사를 했다.

"만나 뵙게 돼 영광입니다. 저는 잭 웰치입니다."

그는 손을 내밀어 악수를 하면서도 연신 허리를 굽히는 자세를 취했다. 예상 밖으로 너무나 공손한 태도에 한국 기업 대표도 놀라는 눈치였다.

회의실로 자리를 옮겨 본격적으로 이야기를 나누면서도 나는 웰치 회장에게 놀라지 않을 수 없었다. 먼저 그의 앉은 자세에 놀랐다. 보통 기업 총수쯤 되면 의자에 기대어 앉아 다리를 쭉 뻗는 느긋한 자세를 취하기 마련이다. 그런데 그는 시종일관 무릎을 모으고 몸을 앞으로 기울이는 자세로 앉아 있었다. 60세가 넘은 나이라 그 자세를 유지하기가 쉽지 않았을 텐데, 몇 시간 동안 같은 자세를 유지하며 앉아 있었다. 마치 "나는 적이 아니다, 여러분의 말을 경청하러 왔다"라는 마음을 표현하는 것 같았다.

아무리 그래도 인수합병을 위한 회의 자리이니 당연히 민감한 주제가 나올 수밖에 없었다. 하지만 웰치 회장은 자신이 해야 할 말을 다 하면서도 전혀 고압적이거나 거만하게 굴지 않았다. 오히려 정중하고 조심스러운 표현을 쓰면서 상대방이 전혀 기분 나쁘지 않도록 배려하는 모습을 보였다. 또 한국 기업에 대해 자세히 파악했는지 기업의 세부적인 부분까지 언급하며 자신의 생각을 아주 꼼꼼히 전달했다.

반면 한국 측에서는 웰치 회장이 신랄하게 공격할 것에 대비해 방어할 내용들을 잔뜩 준비했지만 공격은커녕 함께 고민하고 해결하자는 태도를 보이는 웰치 회장에게 마음을 여는 듯했다. 회의가 끝날 무렵, 웰치 회장은 더 이상 칼을 휘두르는 사정관의 모습이 아니었다. 생사의 기로에 놓인 기업을 살려줄 구세주가 돼 있었다.

사실 웰치 회장은 대담하고 거친 리더십 스타일로 잘 알려진 사람이다. GE를 책임졌던 20년 동안 시가총액을 25배나 키운 최고의 경영자다. 또 한편으로는 2천여 개의 기업을 사고팔면서 적대적 인수합병, 구조조정, 대량 정리해고를 벌인 주인공이기도 하다. 특히 인수한 회사의 외양은 그대로 둔 채 내부의 구조와 인원을 싹 물갈이하는 무시무시한 구조조정으로

_그들이 리더인 이유

유명하다. 마치 건물은 놔두고 안에 있는 사람만 모조리 죽여 버리는 중성자탄 무기를 닮았다는 의미로 '중성자탄 잭'Neutron Jack이라고도 불렸다.

무시무시한 별명을 가진 웰치 회장이 실제로는 매우 친절하고, 세심하게 배려하고, 남의 말에 귀를 기울인다는 사실이 좀처럼 믿기지 않았다. 대체 그는 어떤 사람일까? 내 궁금증은 얼마 지나지 않아 그의 책을 읽으면서 모두 해소됐다.

2001년 출간된 자서전 《잭 웰치, 끝없는 도전과 용기》Jack: Straight from the Gut에서 그는 리더십에 대한 자신의 철학을 밝혔다. 그가 생각하는 리더십은 결국 사람을 움직이는 것이었다. 사람들에게 목적의식과 방향을 심어주고 그것에 확신을 갖게 하는 것, 그들이 성장하고 성공할 수 있게 도와주는 것이 곧 리더의 역할이라고 했다. 그의 책을 읽고 나서야 그가 왜 다 죽어가는 회사를 인수하러 한국까지 와서 사람들에게 긍정적인 에너지와 희망을 주려고 했는지 이해가 갔다. 비즈니스에서는 중성자탄일지 몰라도 직원들에게 그는 치어리더였던 것이다.

◇ ◇ ◇

기억에 남는 또 다른 기업인은 삼성전자 윤종용 전 부회장이다. 내가 그분을 처음 뵌 건 그가 삼성전자 사장에서 부회장으로 승진한 직후인 2000년이었다. 말단 직원에서 사장을 거쳐 부회장까지 오른 입지전적 인물이라 국내는 물론 해외에서도 인터뷰 요청이 쏟아졌다. 나는 해외 미디어와 인터뷰가 있을 때마다 윤 부회장의 통역을 맡았다. 이후로도 해외에서 손님이 방문했을 때나 여러 행사와 해외 출장에도 함께하게 됐다.

모든 통역은 어렵지만 윤 부회장의 통역은 정말 어려웠다. 엔지니어 출신인 데다 현장 경험도 많아 기술적 설명을 아주 상세히 했고, 또 영어도 워낙 잘해서 내가 형용사나 부사 하나만 빠트려도 어김없이 정정을 했다. 어려운 한자와 고사성어도 자주 써서 현장에서 뭐라고 통역해야 할지 난감할 때가 많았다. 말씀은 또 얼마나 빠른지 내용을 놓치지 않으려면 등에서 땀이 흐를 정도로 온 신경을 집중해야 했다. 다행히 윤 부회장은 내게 배려를 많이 해줬다. 한자와 고사성어를 말한 후에는 나를 바라보며 뜻을 풀어 다시 얘기해줬고, 말의 속도가 빨라서 힘들어하는 것이 보이면 다시 천천히 말해줬다.

한번은 윤 부회장이 한 행사에서 '고객 감동'이란 표현을 썼다. 당시 삼성전자의 슬로건이 '고객 만족'이어서 'Customer Satisfaction'이라고 주로 통역을 했는데, '고객 감동'은 처음 듣는 표현이었다. 나는 잠시 고민하다가 "impressing customers by Customer Satisfaction"이라고 통역했다. 그

　　　　　　　　　　_그들이 리더인 이유

러자 윤 부회장이 통역을 마친 내게 "커스터머 서프라이즈라고 통역해주세요"라며 구체적으로 주문했다. 행사가 끝난 후 고객 관리 전문가들이 고객 서비스의 단계를 이론적으로 기술한 책을 살펴보니 정말로 '고객 감동'은 'Customer Surprise'라고 통역하는 게 정확했다. 첫 번째 단계인 '고객 서비스', 두 번째 단계인 '고객 만족', 그리고 세 번째 단계인 '고객 감동'을 'Customer Surprise'라고 명명하고 있었다. 이런 세부적인 부분까지 윤 부회장이 알고 있다는 사실에 정말 놀라웠다.

또 한 가지, 해외 출장을 갔을 때 있었던 사고가 아직도 기억난다. 몇 천 명이 모인 커다란 극장에서 윤 부회장이 직접 영어로 연설을 하고, 이후 질의응답을 할 때 내가 무대로 올라가서 질의응답만 통역을 하는 행사였다. 그런데 무대 위에 올라가서 첫 번째 질문자에게 질문을 받는데 갑자기 소리가 명확하게 들리지 않고 웅웅거리면서 발음이 잘 들리지 않았다. 질문자가 마치 베개를 입에 대고 말하는 말처럼 불투명하게 들렸다. 나는 당황해 질문자에게 다시 한번 말씀해달라 부탁했는데, 그 모습을 보던 윤 부회장이 조용히 귓속말을 해줬다.

"무대 아래로 내려가서 스피커 앞쪽에 서보세요. 그럼 들릴 거예요."

나는 여전히 무슨 일인지 이해하지 못한 채 윤 부회장이 시키는 대로 무대 아래로 내려가 스피커 앞에 섰다. 그러자 거짓말처럼 질문자의 발음이 또렷하게 들렸다. 그제야 이해가 갔다. 스피커가 무대 아래에서 관객석을 향하고 있어서 무대 위로는 소리가 전달되지 않았던 것이다. 그때 윤 부회장의 도움이 없었다면 나는 어떻게 해야 할지 몰라 패닉 상태에 빠졌을 것이다. 작은 사건이지만 그가 얼마나 상황 파악에 빠른 분인지, 얼마나 스마트한 분인지 다시 한번 확인할 수 있었다.

시간이 한참 흘러 윤 부회장이 은퇴 후 언론과 인터뷰한 것을 보았다. 12년간 CEO로 일하면서 제일 기뻤던 때를 묻는 기자의 질문에 윤 부회장은 "매일 긴장하며 살아서 기뻤던 때가 별로 없었다"고 대답했다. 정말 그랬다. 내가 윤 부회장의 통역을 맡았던 때는 삼성이 정말 잘나가던 시기였다. 반도체, 가전, 컴퓨터, 디스플레이까지 고르게 출시하며 디지털 시대에 걸맞은 기업으로 변신에 성공했고 윤 부회장이 직접 아이디어를 낸 DVD플레이어도 대히트를 쳤다. 그런데 나는 단 한 번도 윤 부회장이 기쁨을 표현하거나 기뻐하는 모습을 본 적이 없다. 오히려 늘 "지금이 위기다. 잘하고 있을 때가 더 큰 위기다"라고 말씀하셨다.

2004년 삼성전자가 순이익 11조 원을 달성하고 TV 판매로 세계 1위 자리에 올랐을 때에도 윤 부회장은 전혀 기뻐하지 않

_그들이 리더인 이유

왔다. 오히려 "더 큰 위기가 온다. 지금부터 삼성은 더 위험한 길을 걸어가야 한다"며 위기의식을 강조했다. 늘 회사에 대한 고민으로 긴장을 멈추지 못했던 것이다.

얼마 전 윤 부회장의 최근 소식을 들을 기회가 있었다. 은퇴 후 편한 시간을 보낼 거라 상상했는데 2022년 10월에 한 언론과 진행한 인터뷰에서 그는 "세상의 변화 속도가 워낙 빠르기 때문에 갈수록 상황을 예측하기 어렵다. 이제 아침에 세운 계획을 저녁에 다시 바꾸는 조변석개朝變夕改식으로 대응할 수밖에 없다"라며 여전히 삼성의 미래를 걱정하고 있었다. 자신이 옳다고 생각한 것도 순식간에 틀린 것이 돼버리는 시대이니 더 유연하고 빠르게 대처해야 한다는 뜻이었다. 삼성뿐만 아니라 이 시대를 사는 우리 모두에게 적용되는 지혜의 말이 아닐까 한다.

◇ ◇ ◇

마지막으로 기억나는 인물은 내 마음 속에 인자한 아버지의 이미지로 저장돼 있는 고故 구본무 LG 회장이다. 구 회장은 정말 남다른 인물이다. 그룹의 수많은 일을 처리하는 기업 총수이자, 열정적인 야구광, 새를 전문적으로 관찰하는 야생 조류 애호가, 가정적인 아버지라는 다양한 타이틀을 갖고 있었다. 또 정이 많고 온화한 성격으로 정치인, 문화인들과도 두루 친분이 있었고 술과 음식, 패션에도 관심이 많은 낭만적인 분이었다.

내가 프리랜서를 시작했던 1997년, 한국의 기업들은 대부분 IMF로 인해 구조조정과 사업개편을 추진하고 있었다. LG도 당시 외국의 경영 컨설턴트들과 하버드 경영대 교수들을 계속 초청해 IMF 위기 대처를 논의하는 글로벌 컨퍼런스를 열었다. 그때 나는 LG의 요청을 받아 동시통역을 하게 됐다.

컨퍼런스를 위해 해외에서 초청된 인사들과 LG 임원들이 함께 모여 있는 분위기가 다른 기업과는 사뭇 달랐다. 나는 내 눈을 의심했다. 회의를 시작하기 전까지 서로 화기애애하게 농담을 주고받고 자유롭게 어울리고 있었다. IMF 시기라 웬만한 기업들의 회의에 참석해보면 긴장감이 흐르다 못해 숨 쉬는 것조차 눈치를 봐야 하는 분위기인데 LG의 회의실 풍경은 너무나 평화롭고 즐거워 보였다.

단연 돋보이는 사람은 구 회장이었다. 여유가 느껴지는 풍채에 웃는 얼굴을 하고서 연신 회의 분위기를 부드럽게 주도했다. 당연히 회의 중에는 구조조정, 정리해고 등의 주제가 등장했지만 구 회장은 끝까지 사람은 소중하다며 정리해고를 최소화해야 한다고 강조했다.

_그들이 리더인 이유

"모든 사람에게는 자기 역할과 책임이 있다. 한 사람 한 사람이 소중하다. 쓰레기를 치우는 사람이 얼마나 고마운지 아는가. 쓰레기를 치우는 사람이 없으면 우리 회사가 얼마나 더러워지고 길거리는 또 얼마나 더러워지겠는가."

그러면서 혼자서는 좋은 방안을 찾을 수 없으니 모든 임원이 함께 의논해 최선의 길을 찾자고 다독였다. 그렇게 그날 하루해가 질 때까지 외국인 전문가들의 조언을 들으며 LG의 미래를 모색하던 모습이 잊히지 않는다.

구 회장은 통역사들도 살뜰히 챙겼다. 회의 중간 쉬는 시간에 커피를 마시려고 부스 밖으로 나온 통역사들과 마주치기라도 하면 수고한다거나 고생이 많다는 말을 반드시 건넸다. 다른 분들과 얘기를 나누는 중에도 통역사가 눈에 띄면 눈을 맞추고 활짝 웃으며 "고마워요. 뭐 필요한 거 있으면 얘기하세요"라고 했다. 정말 아무것도 아닌 말이지만, 다정함과 친절이 몸에 배지 않은 사람이라면 그렇게 할 수 없었을 것이다.

LG의 글로벌 회의 때마다 동시통역을 했던 인연은 그 뒤로도 이어졌다. 1998년 영국 브리티시텔레콤British Telecom의 피터 본필드Peter Bonfield 회장이 LG와의 기술제휴를 위해 한국을 찾았을 때, LG의 요청으로 며칠 동안 구 회장의 수행통역을 맡은 것이다.

수행통역의 마지막 날에는 구 회장이 주최한 리셉션 만찬이 정해져 있었다. 나는 리셉션의 영어 사회를 보면서 본필드 회장의 연설까지 통역하는 임무를 맡았다. 그런데 본필드 회장이 연설을 멈추지 않고 길게 말하는 바람에 나는 긴 연설을 노트테이킹해서 그대로 통역해야 했다. 그 모습을 본 구 회장이 내게 "그 긴 걸 어떻게 다 기억하고 옮기지요? 통역 정말 잘하시네요"라고 칭찬한 것이 떠오른다.

구 회장은 컨퍼런스가 끝난 후에도 감사의 메시지를 잊지 않았다. 컨퍼런스를 마친 다음 날, 비서실을 통해 내게 선물을 보낸 것이다. 상자를 열어보니 이제 막 LG텔레콤에서 출시한 신상 휴대전화였다. 지금도 그렇지만 1998년에 휴대전화는 어마어마하게 비싼 물건이어서 그 덕분에 어머니에게 효도 선물을 드릴 수 있었다.

2000년에는 구 회장이 쓴 《한국의 새》라는 책의 출간을 기념하는 행사의 영어 사회를 맡아달라고 했다. 구 회장이 새를 좋아한다는 건 알고 있었지만 전문적인 조류도감까지 낼 줄은 꿈에도 몰랐다. 여의도 LG 트윈빌딩의 30층에 있는 구 회장의 집무실에서 틈틈이 망원경으로 한강 밤섬에 모인 철새를 관찰하는 취미가 있었다는 것을 출간기념회를 통해 알게 됐다.

구 회장은 해외에 나갈 때마다 현지 조류도감과 새 관련 서

그들이 리더인 이유

적을 잔뜩 사올 정도로 새를 좋아했다. 심지어 새 관련 다큐멘터리에서 날아가는 모습만 보고도 이름을 맞출 수 있는 새가 150마리가 넘는다고 했다. 구 회장의 온화한 품성의 비밀을 그제야 조금 알 수 있을 것 같았다. 기업 총수로서 가지는 중압감에도 좀처럼 화를 내지 않고 늘 밝은 표정을 지을 수 있었던 것은 어쩌면 자연과 함께하는 시간을 가지면서 마음을 내려놓는 훈련을 많이 했기 때문이지 싶다.

출간 기념회에서 기억에 남는 장면이 하나 더 있다. 공식 행사 후 리셉션 때였다. 흰색 드레스를 곱게 차려입은 네다섯 살쯤 되는 여자아이가 "아빠!" 하고 외치며 리셉션장으로 뛰어들어왔다. 구 회장이 활짝 웃으며 아이를 번쩍 안더니 곳곳을 돌아다니면서 "제 막내딸입니다"라며 자랑을 하는 것이었다. 국내외 귀빈들이 많이 모인 자리임에도 입이 귀에 걸린 채 딸 자랑을 하는 구 회장의 모습은 영락없는 딸바보였다.

구 회장이 늦은 나이에 막내딸을 얻었다는 소식은 언론을 통해 잘 알려져 있었다. 원래 구 회장에겐 아들 한 명과 딸 한 명이 있었다. 그중 아들이 열아홉 어린 나이에 사망해 상심이 너무 큰 나머지 늦둥이를 낳기로 했다고 한다. 이후 구 회장은 동생 구본능 현 희성그룹 회장의 장남을 양자로 입적했다. 그가 바로 구 회장 사후 경영권을 승계한 구광모 회장이다.

　　　　　　　　4장 세계 정상에게 태도를 배우다

다른 재벌 기업들과는 달리 LG는 경영권 문제에서 가족 간 갈등이 없는 것으로 유명하다. 창업주인 고 구인회 회장과 고 구자경 명예회장이 늘 '인화의 정신'을 강조하며 "분쟁 없이 사람 중심의 경영을 하라"고 가르쳤기 때문이라고 한다. 구 회장도 선대의 뜻을 이어 그룹 총수로서 지배적 권력을 휘두르지 않고 각각의 최고 경영자들에게 업무를 확실하게 분담시켜 자율과 책임을 부여하는 민주적 방식으로 LG를 경영했다.

2018년 생을 마감하신 구 회장의 장례식은 유언에 따라 비공개 가족장으로 진행됐다. 유족들은 조문과 조화도 모두 사양했다. 살아생전 과한 의전과 복잡한 격식을 멀리하던 구 회장의 모습을 마지막 순간에도 떠올릴 수 있었다. 술 하나를 고를 때도 너무 비싸지도 너무 저렴하지도 않은 중간 가격대의 술을 골랐다는 구 회장. 이토록 소탈하고 낭만적인 기업 총수를 앞으로 또 만나 뵐 수 있을까 싶다.

잭 웰치 회장, 윤종용 부회장, 구본무 회장, 세 분 모두 훌륭한 경영자로 역사에 남을 것이다. 하지만 내게는 경영자이기 이전에 인간미를 가진 리더들로 남아 있다. 이분들이 큰 기업을 성공적으로 경영할 수 있었던 것도 결국 내가 느낀 그 인간미가 사람들의 마음을 움직여서가 아닐까.

_그들이 리더인 이유

진심으로 한국을 사랑한
레이니 대사

내가 수행했던 수많은 VIP 중에 가장 보고 싶고 그리운 분은 제임스 레이니 전 주한 미국 대사다. 미 대사관에서 일한 1994년부터 1997년까지, 나는 레이니 대사를 지척에서 모셨다. 매일 아침 8시에 출근해 8층에 있는 대사 집무실로 올라가면 레이니 대사가 콜라를 마시면서 나를 기다리고 있었다. 함께 조간신문을 훑으면서 주요 뉴스를 즉석에서 번역해드리기도 하고, 레이니 대사가 한국어 단어와 표현에 대해 물으면 설명해드리기도 했다.

레이니 대사는 신문을 읽는 중에도 계속 콜라를 마셨다. 그

　　　　　　　　4장 세계 정상에게 태도를 배우다

것도 코카콜라만 마셨다. 내가 "콜라 드시지 마세요. 몸에 안 좋아요" 하면 대사는 겸연쩍게 웃으며 "그래? 어쩌지. 나는 코카콜라가 좋은데"라고 말씀하곤 했다. 레이니 대사는 주한 대사로 부임하기 전에 미국 조지아주 애틀랜타에 있는 명문 에모리대학교 총장직을 수행했다. 나중에 안 사실인데, 코카콜라의 본사가 애틀랜타에 있다는 인연으로 코카콜라 회장이 미국 대학 역사상 최고 액수의 기부금을 에모리대학교에 냈다고 한다. 당시 레이니 대사는 기부금으로 교수진을 강화하고 더 뛰어난 학생을 받아들여 에모리대학교를 명문대 반열에 올려놓았다고 한다.

레이니 대사는 독특한 이력을 가진 분이다. 보통 주한 미국 대사는 안보 분야에서 오래 일했거나 중국 또는 일본에서 오랫동안 외교관으로 경력을 쌓은 사람이 부임하는 경우가 일반적이다. 하지만 레이니 대사는 목사이자 선교사, 교육가 출신이었다. 에모리대학교 총장을 맡고 있던 그가 전격적으로 주한 미국 대사로 임명된 것은 그가 한국과 깊은 인연을 갖고 있었기 때문이다.

그는 2차 세계대전 후 미 육군 방첩부대Counter Intelligence Corps 소속으로 한국에 왔었고, 이후 1959년 목사의 자격으로 전쟁으로 폐허가 된 한국을 다시 찾았다. 5년 동안 연세대에서 선교사이자 교수로 일하면서 격동의 한국사를 직접 목격하기도 했

_그들이 리더인 이유

다. 이후 줄곧 미국에서 교육자의 길을 걷다가 1993년 빌 클린턴 대통령에 의해 전격 주한 미국 대사로 임명된 것이다.

나는 레이니 대사의 한국 부임이 우리에겐 하늘이 준 행운이었다고 생각한다. 한반도가 전쟁 초읽기까지 갔던 시기에 전쟁을 막기 위해 레이니 대사가 누구보다도 온 힘을 쏟아부었기 때문이다.

◆ ◆ ◆

레이니 대사 부임 1년 차인 1994년, 북한은 핵확산금지조약NPT 탈퇴를 선언했다. 그리고 곧바로 핵 연료봉 봉인을 파기하고 플루토늄 추출을 시도했다. 클린턴 행정부는 즉각 영변 핵단지를 폭격하기로 결정했다. 미국이 해군 항공모함을 한국으로 보내고 폭격 작전을 시뮬레이션으로 진행하는 사이 북한은 "전쟁이 나면 서울은 즉시 불바다가 될 것"이라며 도발을 거듭했다. 당시 미 국방장관의 명령으로 한미연합군이 한반도 전쟁계획을 수립하는 등, 정말 곧 전쟁이 나는 분위기였다.

대사관도 비상이었다. 한국 정부와 논의하기 위해 미국 고위 인사들이 계속 방한하는 시기에 통일부, 국방부, 안기부를 왔다 갔다 하며 밤늦게까지 회의를 했다. 전쟁을 할 수밖에 없다는 강경론이 나올 때마다 레이니 대사는 두 번 다시 이 땅에서 전쟁이 일어나선 안 된다며 반대 의견을 냈다. 보통 미국 대사는 사적인 목소리를 내기보다 미 국무부의 입장을 대변하는 역할을 하는데 레이니 대사는 달랐다. 미국 정부와 각을 세우더라도 필사적으로 전쟁을 막고자 했다.

레이니 대사는 북한을 설득하는 방법을 찾기 위해 비공식으로 북한 전문가를 많이 찾아다니기도 했다. 그때마다 내가 동행하며 통역을 도왔다. 그때 만난 북한 전문가 중에는 레이니 대사의 열의에 화답하듯 노트 한 권을 꽉 채울 정도로 숨도 안 쉬고 열변을 토하던 분도 있었다.

하루는 레이니 대사의 관저에서 통일부 장관을 포함해 네다섯 명 정도가 모여 회의를 열었다. 밤늦도록 결론이 쉽사리 나오지 않았다. 무거운 이야기가 오가는 와중에도 대사는 중간중간 나를 보면서 "피곤하지 않아? 힘들면 잠시 쉴까?" 하며 내 컨디션을 챙겨줬다.

당시 레이니 대사의 마음이 어떤 상태였는지는 1997년 퇴임과 함께 〈뉴욕타임스〉에 실린 인터뷰 기사에서 확인할 수 있었다. 기사에서 레이니 대사의 부인인 버타 레이니Berta Laney 여사는 1994년 1차 북핵 위기 당시 옆에서 지켜보기 힘들 정도로 대사가 많이 괴로워했다고 전했다.

"어느 날 남편이 방에 들어왔는데 눈에 눈물이 가득했습니다. 미 대사로서 이 땅에 있는 미국인은 물론 한국인의 생명까지 지켜야 하는데 잘해낼 수 있을지 모르겠다며 눈물을 흘렸습니다."

당시 미군 수뇌부에서는 한국전 계획을 구체적으로 세워 클린턴 대통령에게 보고를 했다. 보고서에 의하면 전쟁 3개월 이내에 미군 사망자가 5~10만 명, 한국군 사망자는 최소 50만 명, 한국 민간인 피해자는 수백만 명, 재산 피해 규모는 1조 달러로 예상했다. 클린턴 대통령도 보고서를 보고 충격을 받아 전쟁을 막을 수 있으면 최대한 막아보자는 쪽으로 마음을 바꿨다고 한다.

결정적으로 전쟁을 막은 계기는 지미 카터 전 대통령의 방북이었다. 사실 카터 전 대통령은 김일성으로부터 벌써 세 차례나 북한 방문 초청장을 받아둔 상태였다. 그리고 만약 북한을 우호적으로 생각하는 카터 전 대통령 같은 인물이 방북해 핵시설 동결을 설득한다면 전쟁을 막을 수 있다는 말들이 당시에 정계에서 오가기도 했다.

북한을 위시한 긴장된 정세를 읽은 레이니 대사는 직접 카터 전 대통령을 만나러 미국 조지아주로 향했다. 카터 전 대통령은 조지아 주 출신이어서 에모리대학교 총장을 맡았던 레이니 대사와 오랜 친구 사이였다. 또 한반도 문제와 관련해 레이

지베르니 근처 움푹 패인 양귀비 밭(1885), 클로드 모네

니 대사만큼 절실한 사람도 없었기에 직접 카터 전 대통령을 찾아간 것이다.

그렇게 카터 전 대통령의 북한 방문은 레이니 대사의 설득 덕분에 전격 결정됐다. 카터 전 대통령은 평양에서 김일성을 만나 경수로 지원을 조건으로 핵시설 동결과 NPT 복귀, IAEA 사찰까지 합의를 이끌어냈다. 그리고 김영삼 대통령과 김일성의 정상회담 날짜까지 잡았지만 김일성이 갑작스럽게 사망하는 바람에 결국 회담은 불발됐다.

〈뉴욕타임스〉는 레이니 대사가 미국의 대북정책을 만든 첫 인물이라고 평가했다. 당시까지 미국은 대한민국과 수교를 맺었을 뿐, 북한과는 아무런 관계가 없었다. 수교도 맺지 않은 북미 관계의 필요성을 워싱턴에 알리고 수차례의 북미회담과 조약을 맺도록 이끈 주인공이 바로 레이니 대사이기 때문이다. 직책상으로는 주한 미국 대사이지만 실질적인 '주한반도 미국 대사'로서의 역할을 높게 평가한 것이다. 또 해당 기사에서 레이니 대사도 한국에 대한 애정을 거리낌 없이 표현했다.

"젊은 군인으로 한국에 왔던 그 순간부터 저는 한국인과 사랑에 빠졌습니다. 한국인의 용기와 따뜻함은 결코 지치지 않습니다. 그들이 가진 사람에 대한 열정, 헌신이 저에게도 스며들었습니다."

레이니 대사는 남북이 분단된 현실에 누구보다 마음 아파했다. 한국전쟁 직후 한국에서 선교사로 일하면서 전쟁과 분단으로 얼룩진 나라의 현실을 직접 두 눈으로 본 경험이 크게 작용했을 것이다. 퇴임 후 미국으로 돌아가 다시 에모리대학교 총장이 되고서도 여전히 북한과 남북 분단 문제에 대해 국내외 신문에 기고하고 강연 활동도 활발히 했다. 매년 생일 잔치를 함께할 만큼 미국 내 한인 사회와의 교류도 계속 이어갔다. 2021년에는 한미협회가 수여하는 한미우호상도 받았다.

내가 레이니 대사를 잊지 못하는 이유는 또 있다. 나의 아버지가 돌아가셨을 때 대사가 건넨 따뜻한 위로 때문이다. 아버지의 암 선고 소식을 듣고 밤새 펑펑 울고 출근했던 날, 레이니 대사는 퉁퉁 부은 내 눈을 보고는 "무슨 일이야?"라고 물었다. 그러고는 참지 못해 울음을 터뜨리는 나를 조용히 위로해줬다. 병고 끝에 아버지가 돌아가신 날에도 대사관에 출근을 못 한다고 알리고 병원에서 허둥지둥 빈소를 마련하고 있을 때 레이니 대사가 큰 조화를 가장 먼저 보내주기도 했다.

한국인보다 한국을 사랑했던 제임스 레이니 대사에게 나는 지금도 늘 감사한 마음을 갖고 있다. 늘 산타클로스 할아버지처럼 다정하고 친절했던 레이니 대사를 언젠가 다시 만나 뵐 날이 오기를 손꼽아 기다린다.

_그들이 리더인 이유

죽음을 가르치는 교수
셸리 케이건

나에게 죽음이라는 단어는 아버지를 통해 마음 깊이 각인 됐다. 미 대사관에서 한창 일하던 시절, 아버지는 갑자기 췌장 암 선고를 받고 6개월 만에 하늘나라로 가셨다. 이제 막 통역 사로서의 경력을 쌓으며 활발히 일하기 시작한 시기여서 죽음 을 받아들이고 준비하기에는 너무나 갑작스럽게 찾아온 이별 이었다. 통역사로서 멋지게 일하는 모습을 보여드려야 하는데, 아버지는 내게 기회도 주지 않으신 채 너무 빨리 가버리셨다.

아버지는 늘 내게 전문 직업을 가지라고 격려하셨고 통역 대학원 입시원서도 사다 주셨다. 어린 시절, 언니와 오빠에 비

4장 세계 정상에게 태도를 배우다

해 어머니의 기대에 부응하지 못한다는 생각에 나는 주눅이 들 때가 많았다. 그럴 때마다 나에게 다가와 폭풍 칭찬을 퍼붓고 애정 표현을 했던 사람은 언제나 아버지였다. 책이 좋아 아침마다 다락에 숨어서 책을 읽는 나에게 어머니는 독서를 금지시켰지만, 아버지는 50권짜리 동화전집을 사다 주셨다. 그렇게 아버지는 나에게 안식처이자 따뜻한 품이었다.

아버지는 나의 첫 영어 공부 선생님이기도 했다. 브라질에 막 도착했을 때, 나는 이제 막 영어 알파벳만 배운 터라 수업 내용을 전혀 알아들을 수가 없었다. 그런 나를 위해 아버지는 매일 퇴근 후면 교과서에서 찾은 단어 뜻을 하나하나 빼곡하게 써주고 의미를 해석해주셨다. 아버지 덕분에 나는 간신히 영어, 역사, 과학 수업을 따라갈 수 있었다. 또 내가 수업을 따라갈 수 있을 만큼 영어 실력이 늘자 아버지는 해석이 안 되면 언제든 물어보라면서 공부하는 내 곁에서 책을 보셨다. 그렇게 조용히 내 옆에서 기댈 수 있는 기둥이 돼주셨다.

한국에 돌아와 대학 입시를 준비하던 어느 날, 나는 공부가 너무 힘들다며 아버지에게 투정을 부렸다. 그러자 아버지가 "오늘 하루는 바람이나 쐬자" 하시면서 나를 인천으로 데려갔다. 그날 인천에서 우리는 인천 앞바다도 보고 자유공원에 들러 맥아더 장군 동상도 구경했다. 모두가 불가능하다고 만류했

_그들이 리더인 이유

던 작전을 성공시킨 맥아더 장군의 이야기를 통해 아버지는 공부에 지쳐 좌절하고 있는 딸에게 세상에 불가능이란 없다는 교훈을 심어주려 하신 것이다.

또 아버지와 함께 서울대학교 캠퍼스며, 당신이 다니셨던 연세대학교 캠퍼스도 구경하러 갔었다. 특히 아버지는 연세대학교 후문이 길 하나를 사이에 두고 이화여대 후문과 연결된다는 이야기와 함께 그곳이 데이트 장소로도 매우 유명하다고 하셨다. 그렇게 아버지는 내가 지금의 어려움을 극복해내면 즐거운 대학생활을 할 수 있을 것이라며 격려를 해주셨다.

내가 대학을 졸업할 무렵에도 아버지는 내게 미래에 대한 조언을 아끼지 않으셨다. 90년대 초반에 여성들이 가질 수 있는 최고의 직장은 주로 대기업 총무부나 비서실 정도로 한정돼 있었다. 하지만 아버지는 누구보다 나 스스로 좋아하고 평생 업으로 삼을 수 있는 전문직을 권하며 통역대학원이라는 곳을 알려주셨다. 그렇게 아버지는 내 평생의 직업을 찾아준 것이다.

내가 통역사로 일을 시작하자 아버지는 혹시나 막내딸 얼굴이 나올까 매일 9시 뉴스를 챙겨 보셨다. 뉴스에 잠시 비치는 내 모습을 볼 때마다 숨은 그림 찾기 속 정답을 찾은 것처럼 즐거워하셨다. 그렇게 내 곁에서 영원히 응원하고 함께할 줄만 알았던 아버지가 췌장암에 걸렸다.

췌장암을 발견했을 때는 이미 4기로 접어든 상태였다. 당시의 절망감은 이루 말로 표현하기 힘들 정도였다. 결국 수술을 받았다. 그리고 며칠 후 클린턴 대통령 부부가 방한해 제주도에서 정상회담을 가졌다. 당시 나는 제주도로 가서 통역을 하게 됐다. 아버지는 투병 중에도 불구하고 리모콘을 꼭 쥐시고는 뉴스 속에 등장하는 내 얼굴을 놓치지 않으려 하셨다고 한다.

나에게 각별했던 아버지이기에 나는 아버지의 죽음을 받아들이기 힘들었다. 나는 세상을 떠난 아버지가 너무 보고 싶어 매일 잠자리에 들 때마다 꿈에서라도 아버지를 만나게 해달라고 기도했다. 그렇게 깊은 상실감 속에 아버지를 내 가슴에 묻었다.

◇ ◇ ◇

하지만 아버지 덕분에 평생의 직업으로 갖게 된 통역이 아버지를 잃은 나의 상실감을 치유해주게 될 줄은 꿈에도 몰랐다. 2013년 나는 SBS의 의뢰로 '지식 나눔 콘서트 아이러브인: 셸리 케이건Shelly Kagan' 편의 동시통역을 맡았다. 셸리 케이건 교수는 미국을 대표하는 현대 철학자다. 죽음을 연구하는 학자로서의 명성도 자자하다. 특히 죽음에 대한 그의 강의는 예일대 최고 인기 강의로 손꼽히며 아이비리그 3대 명강의에 속한다고 한다. 마침 우리나라에서도 그의 책《죽음이란 무엇인가》가 출간돼 베스트셀러로 널리 알려진 시점이었다.

통역을 준비할 때는 케이건 교수의 강연이 너무 철학적인 내용을 담고 있어 어렵게만 느껴졌다. 그의 강연은 죽음이 무엇인지를 알기 위해 인간이 어떤 존재이고, 인간의 실체는 무엇이며, 영혼이 정말로 존재하는지에 대한 철학적 질문을 제시하고 이를 풀어나가는 것이 주된 내용이었다. 죽음에 대한 명쾌한 해답을 제시하는 것이 아니라 죽음에 대한 다양한 관점을 철학적 방식으로 검증하는 방식이었다.

그런데 막상 현장에서 통역을 시작하자 내용이 조금 다르게 다가왔다. 케이건 교수는 죽음이 무엇인지를 매우 건조하게 정의 내리고 있었다.

"물리적 관점에서 보면 우리 인간은 단지 기계에 불과합니다. 물론 사랑을 하고 사색을 하고 상상을 하는 등, 아주 놀랍고 특별한 기능을 하는 기계입니다. 기계가 고장이 나면 아무 기능을 못하듯, 인간도 고장이 나면 끝이 납니다. 그것이 바로 죽음입니다."

4장 세계 정상에게 태도를 배우다

케이건 교수는 죽음이 신비로운 무언가가 아니라고 말하고 있었다. 마치 라디오를 떨어뜨리면 고장이 나는 것처럼 죽음이란 인간의 육체가 고장 나서 기능이 멈춰버리는 것, 그 이상도 이하도 아니라는 말이었다.

그동안 나는 내가 죽으면 천국에서 아버지를 다시 만날 수 있을 것이라고 믿었다. 케이건 교수의 설명에 따르면 어쩌면 그것은 아버지를 떠나보내지 못하고 붙잡고자 했던 나만의 바람일 수도 있었다. 이미 육체가 소명을 다해 소멸했는데, 한 사람의 인간이 아무 미련 없이 생을 마감하고 사라졌는데, 나는 허상을 붙잡고 슬퍼하고 있었던 것이다.

또한 케이건 교수는 죽음이 두렵고 나쁘다는 일반적인 생각이 잘못된 것이라고 지적했다.

"우리가 아픈 걸 나쁘다고 말하는 건 살아 있는 채로 아픔을 겪기 때문입니다. 하지만 죽음은 끝이기 때문에 본질적으로 나쁜 것이 될 수 없습니다. 죽음 후에는 어떠한 것도 느끼고 경험할 수 없으니 나쁘다는 말은 성립하지 않습니다."

케이건 교수는 죽으면 모든 것이 끝이기 때문에 우리에게 남아 있는 것은 살아 있는 이 시간뿐이라고 말했다. 인간은 불

_그들이 리더인 이유

멸의 존재가 아니라는 것. 영혼도 없다는 것. 그러면서 우리에게 주어진 삶은 이번 생 단 한 번뿐이니 현명하고 가치 있게 보내야 한다는 말로 강연을 끝맺었다.

케이건 교수의 강의를 통해 나는 죽음에 대해 다시 생각하게 됐다. 죽음의 철학자 덕분에 죽음을 정면으로 바라보고 솔직하게 받아들이자 오히려 위로를 받는 듯했다. 그리고 나의 아버지는 아버지의 시간을 열심히 살고 가셨다는 생각이 들었다. 나 또한 내 시간을 열심히 살면 된다는 것을 깨달았다.

언젠가 내 몸도 고장이 날 것이다. 그리고 죽음을 맞이할 것이다. 삶은 유한하고 죽음은 불청객처럼 언제 찾아올지 모른다는 사실이 지금 이 순간을 더 특별하게 만드는 이유다. 열심히 뜨겁게 살자. 아버지가 그랬듯이 나도 내 가족을 더 많이 사랑하자. 내게 죽음을 직시할 용기를 준 셸리 케이건 교수에게 깊이 감사하는 마음을 전한다.

4장 세계 정상에게 태도를 배우다

내가 장기기증을
결심한 이유

주로 정치나 외교, 기업 관련 행사를 통역하지만 아주 가끔 문화 행사에서 통역을 할 때도 있다. 평소 일에 치여 문화 생활을 가까이 하기 힘들다 보니 광주비엔날레나 서울아트마켓 같은 예술 행사는 물론, 박람회, 스포츠 경기, 문화재 관련 행사, 민간단체 교류 행사, 시민단체 주최 행사에서도 통역을 맡으면 여러 문화를 간접적으로 경험할 뿐만 아니라 사람들이 살아가는 모습을 볼 수 있어 좋은 기회가 된다.

언젠가 장기기증 관련 행사에서 통역 의뢰가 들어왔다. 장기기증 수혜자들이 장기기증자의 유족들을 초대해 감사인사를 전하는 행사인데 외국인 수혜자들도 있어 통역이 필요하다고 전해왔다. 행사 전날 밤 통역을 준비할 때만 해도 나는 그 행사가 내 인생에 큰 의미를 던질 줄은 꿈에도 몰랐다.

장기기증에 대한 기본 정보와 용어를 익히면서 우리나라에 장기기증을 기다리는 대기자가 4만 명이 넘는다는 것과 한 해 이식 건수가 400~500건에 불과하다는 사실을 새롭게 알게 됐다. 또 생전에 장기기증 서약을 해도 유족의 반대로 장기기증자의 63퍼센트가 서약을 지키지 못한다는 사실에 놀라고 말았다.

장기기증은 기증자와 이식자가 누구인지 공개하지 않는 것이 원칙이다. 기증자와 수혜자가 서로 만나는 것도 금지돼 있다. 혹시라도 유족이 금전을 요구해 기증자의 선의가 왜곡되는 것을 막기 위한 대비책이다. 단, 예외적으로 장기기증 수혜자 단체가 지금까지 장기를 기증한 유족 커뮤니티를 초청해 기증자들을 추모하고 공개적으로 감사인사를 전하는 행사가 진행됐는데, 내가 그 행사를 맡은 것이었다.

그날 행사에는 이식 수술을 통해 건강을 회복한 수혜자들의 감사 인사와 추모공연이 예정돼 있었다. 그런데 첫 발표자가 입을 떼자마자 행사장은 울음바다가 되고 말았다. 신장투석으로 연명하면서 죽을 날만 기다리던 시간들, 1년, 5년, 10년

4장 세계 정상에게 태도를 배우다

을 기다려도 기증자가 나타나지 않아 모든 희망을 포기했던 순간들, 자신의 생명을 연장하기 위해 누군가가 죽기를 기다려야 한다는 죄책감과 자괴감, 마침내 기증자가 나타나 새 생명을 얻어 지금은 남편과 일상의 행복을 누리며 누구보다도 열심히 살고 있다는 이야기 등이 이어졌다. 행사장을 찾은 수혜자들과 유족들이 모두 하나같이 발표자의 이야기에 울음을 참지 못하고 눈물을 쏟아냈다.

한 어머니는 심장이 약해 침대에서 일어나지도 못했던 딸이 장기기증을 받고 이제는 다른 평범한 아이들처럼 학교를 다니며 즐겁게 살고 있다고 했다. 그리고 딸에게 새 생명을 준 사람이 누구인지는 모르지만 날마다 딸과 함께 그분이 좋은 곳에 가셨기를 기도하고 있다는 말에 행사장은 또다시 울음바다가 됐다.

그날 초대된 장기이식 코디네이터의 연설도 감동적이었다. 장기이식 코디네이터는 뇌사자가 나타났을 때 슬픔에 잠겨 있을 가족들을 최대한 빠른 시간에 찾아가 장기기증을 부탁하는 직업이다. 그 코디네이터는 자신이 단어 하나, 표현 하나까지 아무리 조심스럽게 고르고 골라도 유족에게는 상처를 줄 수밖에 없는 사정을 이야기했다. 그리고 때로는 외면을 당하고, 때로는 함께 울고, 때로는 욕을 먹으면서도 한 사람의 죽음을 통

285   _그들이 리더인 이유

해 다른 생명을 살릴 수 있다는 사명감에 그 일을 계속한다는 말에 사정을 이해한다는 듯 모두 눈물을 흘렸다.

"누군가의 사랑이었고, 누군가의 그리움인 ○○○ 님께서 오늘 이 땅에 사랑의 꽃씨를 뿌리고 떠나십니다. 고인이 주신 나눔의 사랑이 더욱 널리 퍼지게 해주시고, 가시는 길에 평안과 안식이 있길 빕니다."

장기기증에 참여하는 모든 의료진은 장기를 적출하기 전에 함께 기도함으로써 간단한 추모 의식을 치러 고인에 대한 감사함을 전한다고 한다. 이후에는 환자 이름과 등록번호를 확인한 후 의사가 메스를 든다. 의사가 장기를 안전하게 포장해 장기기증 코디네이터에게 건네주면 그때부터는 시간 싸움이다. 장기기증 코디네이터들은 장기를 신속하게 아이스박스에 담아 수혜자가 기다리고 있는 병원까지 이송한다. 때로는 헬리콥터를 타고, 때로는 비행기를 타고, 때로는 열차와 앰뷸런스를 갈아타고서 병원으로 이동한다. 수혜자가 있는 병원 문 앞에 도착하면 그때부터는 촌각을 다툰다. 최대한 빠르게 장기를 이식해야 거부 반응이 적고 수혜자의 예후도 좋기 때문이다.

통역을 하는 내내 나도 흐르는 눈물을 참느라 애를 먹었다.

4장 세계 정상에게 태도를 배우다

오베르 근처의 베세노의 모습(1890), 빈센트 반 고흐

장기기증, 장기이식은 말로만 들었을 뿐 깊이 생각해보지 못한 분야였다. 막연히 좋은 일이라고 여겼을 뿐, 누구에게나 닥칠 수 있고 내게도 일어날 수 있는 일이라고 생각지 못했다. 내가 유족의 입장 혹은 수혜자의 입장이 될 수 있다는 상상으로도 먹먹해졌다. 기증자를 기다리며 힘겹게 하루하루를 버티고 있을 수많은 사람의 모습도 그려졌다.

장기이식 코디네이터는 한 명의 뇌사자가 기증을 하면 최대 여덟 명에게 새 삶을 줄 수 있다고 한다. 살아서는 여덟 명을 살릴 수 없지만, 죽어서 여덟 명을 살리는 것은 마음만 먹으면 할 수 있다는 말에 내 마음이 움직였다. 그날 바로 나는 장기기증 서약을 했다. 무엇보다 서약 절차가 너무 간단해 놀랐다. 장기기증 신청을 받는 여러 기관 중 하나를 선택해 홈페이지에서 본인인증을 하고 신청하면 끝난다. 그러면 며칠 후 등록증과 스티커가 집으로 도착한다. 이후 등록증은 지갑에 넣고 스티커는 운전면허증이나 주민등록증과 같은 신분증에 붙여두면 된다. 내가 서약을 했어도 만약 유족이 반대하면 기증이 성사되지 않기에 나는 가족들에게도 장기기증 서약 사실을 알렸다. 혹시 내게 급작스러운 일이 생기면 꼭 장기이식에 동의해달라고, 아픈 사람에게 새 생명을 주고 떠나는 것이 나의 뜻이니 주저하지 말고 따라달라고 당부해뒀다.

얼마 전 기증자 유족과 수혜자 사이에 서신 교환이 가능하도록 법을 개정했다는 뉴스를 보았다. 기증자의 순수한 뜻을 훼손하지 않기 위해 만나지 않는 것이 원칙이지만, 그동안 감사한 마음을 전달하고 싶다는 수혜자들의 지속적인 요청에 여론과 입법부가 움직인 것이다. 유족들이 슬픔을 극복하는 데 조금이나마 도움이 될 수 있다는 말에 내 마음의 무게감도 조금 줄어드는 듯했다.

우선 장기기증 수혜자가 서신교환을 신청하고 기증자 유족이 동의하면 국립 장기이식 관리기관에서 서신을 받아 유족들에게 전달해준다고 한다. 단, 신분을 알 수 있는 정보, 연락처, 금전이나 물품 요구, 만남을 시도하는 등의 내용은 서신에 담겨 있어선 안 된다고 한다. 장기기증 수혜자들의 편지가 유족들에게 작은 위로가 되기를 진심으로 바란다.

_그들이 리더인 이유

베테랑의 공부

5장

일 잘하는 사람에겐
단단한 관계가 필요하다

다시 일할 수 있는 관계의 비밀

일을 더 잘하고 싶은 사람들, 성공을 꿈꾸는 사람들이 이것을 절대로 놓치지 말았으면 좋겠다. 우리에게 정말로 필요한 것은 성공보다도 사랑을 주고받을 수 있는 단단한 관계다. 그 뿌리를 튼튼하게 만들어야 일도 잘할 수 있다. 완성된 관계는 없다. 당연한 관계도 없다. 하루하루 공을 들이고 보살피며 키워나가야 한다.

지난 30여 년 동안 통역사로 일하면서 길게 쉬어본 적이 없다. 아이 둘을 낳고 두 달 정도까지는 육아에 전념하느라 일을 쉬었지만 그 외에는 쉬지 않고 일했다. 지금까지 통역한 이력을 다 열거하면 A4용지 100장에 가까워가니 거의 경주마처럼 앞만 보고 달려왔다고 해도 과언이 아니다.

"교수님은 쉬는 시간에 뭐 하세요?"

"취미는 뭔가요?"

"스트레스는 뭘로 해소하세요?"

이런 질문을 받으면 난감하다. 일만 하는 사람에게 취미가 있을 리가 없다. 조금이라도 여유가 있을 때는 영어 공부를 위해 영자신문을 읽고 오디오북을 들으니, 나는 쉬는 시간조차도 일을 위해 쓴다.

그나마 내가 갖는 유일한 휴식은 나의 열세 살 된 애견 마롱이와 함께 산책을 하는 것이다. 아파트 단지를 한 바퀴 도는 짧은 산책이 내가 아무 생각 없이 머리를 비우는 유일한 시간인 것 같다.

아니다. 또 있다. 나는 가족들과 카톡을 정말 많이 한다. 가족 단톡방을 만들어서 시도 때도 없이 메시지를 보내고 읽는다. 나는 주로 그날 통역하며 느낀 보람, 수업에서 생긴 일을 이야기하고, 남편은 마롱이를 데리고 산책하면서 찍은 벚꽃 사진이며 단풍 사진, 다양한 종류의 새 사진을 올리거나 재밌는 뉴스거리, 내가 바빠서 놓치는 중요한 시사 뉴스를 올린다. 미국에 있는 아이들도 한 명은 시카고에서 직장생활을 하며, 또 한 명은 샌프란시스코에서 학교에 다니며 그날 있었던 재미있는 일, 속상한 일, 기쁜 일, 고민거리, 직접 요리한 음식 사진을 찍어 올리고 끊임없이 이야기한다. 이렇게 주고받는 메시지가 하루에 50통은 기본이고 많은 날은 100통이 넘기도 한다. 가족에게서 온 메시지를 보며 혼자서 깔깔 웃고 답장을 쓰는 것이 어쩌면 내가 누리는 가장 큰 휴식이자 취미이자 힐링인지도 모른다.

◆ ◆ ◆

딸 둘이 다 학생이던 시절 방학을 맞아 딸들이 집에 왔을 때, 거실 탁자에 앉아서 통역 준비에 여념이 없는 나를 보며 이런 대화를 나누는 걸 들었다.

"우리 엄마는 어쩜 저렇게 똑같지? 10년 전에도 20년 전에도 엄마는 저 자리에 앉아서 똑같은 모습으로 통역 준비를 하고 있었어. 어떻게 번아웃burn-out도 없이 계속 저렇게 일할 수 있을까?"

"그치, 언니. 우리 엄마는 지치질 않아. 지친다는 게 뭔지 모르는 사람 같아."

"마롱이 덕분인가? 마롱이가 귀여움으로 엄마의 피로를 다 풀어주나 봐."

"맞아, 맞아. 엄마에겐 마롱이가 최고의 피로회복제야."

나는 눈을 들어 깔깔대는 딸들을 보며 웃었다. 그러고는 생각했다.

'마롱이도 피로회복제이지만, 나의 진짜 피로회복제는 너희들이야.'

정말 그렇다. 내가 30년이 넘게 지치지 않고 통역을 나갈 수 있는 이유. 그것은 아이들과 남편, 나의 가족들이 있기 때문이다. 가족이야말로 내 에너지의 원천, 내가 계속 일해야 할 이유다.

오스고르스트란의 빨래 말리는 풍경(1902), 에드바르 뭉크

◆ ◆ ◆

30년 전, 내가 사회생활을 시작할 시절엔 여자가 사회적으로 성공하려면 결혼을 하지 않는 것이 낫다는 시각이 지금보다 많았다. 결혼을 하면 집안일과 양육으로 시간을 많이 빼앗겨 일에 집중하기가 어려운 것이 사실이다. 하지만 어렵다고 해서 가치가 없는 것은 아니다. 꼭 결혼이라는 형태가 아니더라도 사랑하는 사람을 만나고 가족을 이루는 것은 인생에 큰 의미를 준다. 독신주의, 비혼주의가 아니라면 한 번쯤 경험해봐도 괜찮은 인생의 과정이라고 생각한다.

사랑을 쏟을 수 있는 친밀한 관계, 무엇을 주어도 아깝지 않은 절대적 관계, 나를 다 드러낼 수 있고 위로받고 의지할 수 있는 대상. 친구, 연인, 또는 아끼는 동물과 식물도 중요한 관계지만 가족도 이에 포함된다.

만약 내가 가족을 만들지 않았다면 어땠을까? 아마도 지금만큼 행복하지는 않았을 것 같다. 통역을 아무리 성공적으로 끝냈더라도 그것을 들어주고 함께 기뻐해줄 사람이 없다면, 아무도 반겨주지 않는 텅 빈 집으로 들어가야 한다면, 마음 한편의 공허함은 채워지지 않을 것이다. 가족은 나에게 정서적 안정감을 주는 존재, 마음을 빈 곳 없이 꽉 채워주는 존재, 생각만 해도 너무 좋아서 눈물이 나는 존재, 함께하는 것만으로도

_그들이 리더인 이유

감사한 존재다.

게다가 너무 감사하게도 나는 내 일을 이해해주고 전폭적으로 지지해주는 남편을 얻었다. 사실 매일 집안일보다 통역 준비에 빠져 있고 하루가 멀다 하고 해외로 출장을 가는 사람을 배우자로 두는 것은 쉬운 일이 아니다.

남편도 성형외과 의사라서 늘 최신 의술을 공부해야 하고 학회와 세미나를 준비해야 하고, 날마다 한 사람의 인생이 걸린 극도로 정교한 수술을 해내야 하는 중압감에 시달린다. 그런데도 내가 집안일을 챙길 겨를이 없으니, 남편이 바쁜 와중에도 전구도 갈고 마롱이가 아프거나 하면 도맡아 동물병원에도 데려가고, 내 자동차 점검이나 컴퓨터 관련 문제도 아무 불평 없이 도맡아서 해결해준다.

또한 남편은 나의 베스트 프렌드다. 내가 힘들 때, 기쁠 때, 화날 때, 혹은 고민이 있을 때 남편은 같이 기뻐해준다. 마치 심리 상담가처럼 내 이야기를 열심히 들어주고 공감해주면서 내 편이 돼준다. 가족을 이루지 않았다면 이런 든든한 동반자를 어떻게 만날 수 있었을까.

아이들도 마찬가지다. 가족을 이루지 않았다면 지금처럼 엄마를 응원하고 내 베스트 프렌드가 돼주는 두 딸을 만나지 못했을 것이다. 엄마의 손길이 가장 필요한 나이부터 나는 아

4장 세계 정상에게 태도를 배우다

이들을 시어머니에게, 친정어머니에게 번갈아 맡겼고, 도우미 아주머니에게 맡기고 통역을 하러 나가고 해외 출장을 다녔다. 처음에는 아이들이 집을 나갈 때마다 엉엉 울며 매달렸지만, 차차 이해하고 손을 흔들며 배웅해줬고, 내가 집에 돌아왔을 때는 한없이 반기며 내 품에 와락 안겼다. 두 아이 모두 초등학교 무렵부터는 통역사가 무슨 일을 하는 직업인지 이해하고 엄마를 자랑스러워했다. TV에 내가 나오면 뛸 듯이 기뻐하고 친구들에게, 할머니나 할아버지에게, 여기저기 전화를 걸어 자랑을 했다.

언젠가 아이들에게 "엄마 일 그만두고 집에서 너희들이랑 같이 있을까?"라고 물은 적이 있다. 통역으로 힘든 하루를 마치고 넋두리처럼 해본 말이었다. 그러자 아이들이 둘 다 정색을 하며 "안 돼, 엄마!"라고 대답했다.

"엄마가 집에 왜 있어? 엄마는 밖에서 통역을 해야 돼."

"힘들어서 그래? 힘들면 잠자고 기운 내서 다시 일해, 엄마."

"나는 엄마가 일하는 모습이 좋아."

이 말을 들었을 때의 내 기분은, 마치 천군만마의 응원을 받는 것 같았다. 힘내라는 아이들의 응원만큼 달콤한 것이 또 있을까.

그동안 취미가 뭐냐, 여가 시간에 무엇을 하냐는 질문에 늘

_ 그들이 리더인 이유

당황했는데, 이제는 이렇게 말할 수 있을 것 같다.

"제 취미는 가족이에요. 가족들과 메시지 주고받고 일상을 나누는 게 세상에서 제일 즐겁답니다."

통역사 엄마들은
육아 전쟁 중

통역사라는 직업을 수행하는 데 남녀의 차이는 없지만 그래도 여자들이 훨씬 많은 편이다. 우리나라에는 구체적인 통계가 없지만 내가 체감하는 비율은 7:3 정도 되는 것 같다. 해외에서는 한 통번역 서비스 업체가 통계를 낸 적이 있는데 여성이 81퍼센트, 남성이 19퍼센트라고 한다. 이렇게 여성이 압도적으로 많은 이유는 아마도 프리랜서가 가능한 직종이라서 일과 가정을 병행할 수 있다는 장점 때문에 여성이 더 많이 도전해서가 아닐까 한다.

그래서인지 나는 주변에서 늘 임신 중인 통역사, 막 출산하

301   _그들이 리더인 이유

고 다시 일하러 나온 통역사, 한창 아이들을 키우고 있는 통역사들을 본다. 젖을 찾는 갓난아이를 떼놓고 일하러 나오는 것은 보통 의지로는 어려운 일이다. 아이와 함께 있어주지 못한다는 죄책감을 떨쳐야 하고, 무슨 일이 있어도 본인의 일을 계속하겠다는 결심도 확고해야 한다. 시어머니, 친정어머니 등 이제 편히 쉬어야 하는 어르신들에게 아이를 떠맡기는 폐도 끼쳐야 한다. 그렇게 모성애를 이기고 냉정하고 단호하게 집을 나와야 엄마는 자신의 일을 할 수 있다.

◇ ◇ ◇

나는 시어머니와 친정어머니가 아이들을 잘 돌봐줬고 아이들이 친엄마라고 생각했을 정도로 살뜰했던 도우미분도 있어서 그나마 아이들을 쉽게 키운 편이다. 그런데 주변 통역사들을 보면 안타까울 때가 많다. 지방 출장이 잡혔는데 아이들을 맡아줄 사람이 없어 발을 동동 구르는 통역사, 열이 펄펄 끓는 아이를 시어머니에게 맡겨놓고 나와서 통역하는 중간중간 전화 통화를 하며 눈물을 줄줄 흘리는 통역사, 밤새 우는 아이를 달래며 통역까지 준비하느라 한잠도 못 자고 나온 통역사 등 눈물겨운 엄마들이 많다.

한 후배는 지방 출장 때 늘 딸을 데리고 간다. 엄마가 통역을 하는 동안 아이는 함께 온 할머니나 이모와 함께 호텔방에서 시간을 보낸다. 그런데 어느 날 호텔에 체크인을 하는데 딸이 이렇게 말했다고 한다.

"엄마, 나 어디 숨어 있을까? 클라이언트가 나 데리고 온 거 보면 안 되니까 꼭꼭 숨어 있을게. 어디 숨을까?"

유치원도 안 들어간 어린 딸이 '클라이언트'라는 단어를 아는 것도 미안하고, 숨어 있겠다고 하니 가슴이 더 아팠다고 한다.

통역사 엄마들이 제일 힘들어하는 순간은 아이들이 아플 때, 비상 상황이 벌어졌을 때, 함께 있어주지 못한다는 것이다. 직장인이라면 급하게 휴가라도 낼 수 있지만, 통역사는 하겠다고 약속한 통역을 절대로 반납할 수 없다. 반납하면 약속을 어긴 통역사라는 꼬리표가 붙어 에이전시에서 일을 주지 않는다. 그래서 아이가 열이 펄펄 끓어도, 학교에서 문제가 생겨도, 교통사고가 나도, 무조건 통역을 해야 한다.

아이 옆에 더 많이 있어주고 싶어서 통역사 일을 잠시 접으려는 엄마들도 많다. 나도 그런 유혹에 빠진 적이 있기 때문에 그 마음을 잘 안다. 하지만 잠시 쉬었다가 동시통역 감각을 잃어버려서 순차통역만 하는 경우를 많이 봤기 때문에 힘들더라도 마음을 독하게 먹고 통역을 계속하는 것이 어떻겠냐고 얘기해준다.

◆ ◆ ◆

유아기인 2~3세까지는 엄마가 하루 종일 아이 옆에 있는 것이 정서발달에 좋다는 주장이 있는 것을 잘 안다. 엄마와의 안정적 애착 관계를 통해 자아인식, 자기애, 자신감, 호기심 등이 발달하고 긍정적이고 원만한 성격을 갖게 된다고 한다.

하지만 그렇다고 엄마 없이 다른 사람의 손에 자란 아이들이 반드시 정서발달에 문제가 생긴다는 얘기는 아니다. 엄마가 아니어도 할머니나 할아버지가 충분히 사랑해주고 좋은 도우미분을 찾는다면 아이는 부족함 없이 얼마든지 잘 클 수 있다.

또한 일을 포기하고 아이만 돌보다가 우울증에 빠진 엄마보다는 하루 종일 하고 싶은 일을 하고 저녁에 밝은 얼굴로 들어오는 엄마의 모습이 아이에게 더 좋은 영향을 줄 수도 있다. 그래서 아이 못지않게 자아실현에 대한 욕구가 큰 엄마라면 오히려 일을 계속하는 것이 아이에게 좋다. 엄마가 행복해야 아이도 행복하기 때문이다.

나도 아이들을 떼어놓고 통역을 나가며 괴로워한 나날이 있었지만, 그 시기는 생각보다 짧다. 아이들은 금방 큰다. 금세 상황 판단을 하고 일하는 엄마 밑에서 어떻게 살아야 할지 방법을 찾는다.

나의 두 딸은 유치원에 다니면서부터 아침에 깨우기만 하면 스스로 씻고 옷을 차려입었다. 초등학교에 들어가면서는 숙제도 준비물도 알아서 했다. 내가 늘 "엄마는 엄마 일을 열심히 할 테니까 너희들은 너희들 일을 스스로 알아서 하라"고 강조했기 때문이다. 그래서 내가 신경 쓰지 않아도 자기들끼리 문구점에 가서 준비물을 사고 다음 날 받아쓰기나 퀴즈 시험 준비도 알아서 했다. 어쩌다가 내가 도우려고 하면 오히려 거부했다.

"괜찮아. 엄마는 통역 준비해. 우리 일은 우리가 알아서 할게."

이렇게 일찍 독립심이 생긴 덕분에 둘 다 어린 나이에 유학을 떠나서도 잘 적응한 것이 아닌가 생각한다.

◇ ◇ ◇

나는 퀄리티 타임quality time의 힘을 믿는다. 함께 있는 시간은 부족해도 그 시간의 퀄리티, 즉 질을 높이면 엄마의 존재감을 충분히 발휘할 수 있다. 아이들을 늘 웃는 얼굴로 대하고, 통역 준비를 시작하기 전 잠시라도 격하게 안아주고, 예쁘다거나 사랑한다고 표현하고, 아이들이 조잘조잘 그날 있었던 일을 얘기하면 맞장구치며 열심히 들어주는 것이다. 아이들의 일상을 세세하게 보살피지는 못했지만 이것만큼은 나는 열심

_ 그들이 리더인 이유

히 했다.

　지금도 방학 중에나 휴가 중에 아이들이 오면, 나는 뽀뽀를 하며 아이들을 깨운다. 아이들은 "으으, 엄마" 하면서도 싫어하지 않는다. 다른 무엇보다도 엄마가 딸들을 많이 사랑한다는 것, 세상에서 가장 소중하다는 것, 늘 믿고 응원한다는 것을 알려주고 싶다. 그걸 알고 있는 아이들은 결코 불행해지지 않는다. 어떤 환경, 어떤 역경 속에서도 반드시 스스로 행복해지는 길을 찾을 것이다.

나는 일하러 나가지 말라며 매달리는 딸들을 냉정하게 떼어놓고 나간 엄마였지만, 나의 어머니는 그렇게 하지 못했다. 어머니는 고등학교 영어 선생님이었다. 언니와 오빠를 키울 때까지만 해도 어머니는 꿋꿋하게 교편을 놓지 않았다. 그런데 막내인 나 때문에 어머니가 무너졌다. 아침마다 울며불며 매달리는 나를 위해 어머니가 10년 교직생활을 접은 것이다.

이후 어머니는 아이들 교육에 헌신했다. 피아노에 재능이 있는 큰딸을 스파르타식으로 훈련시켜 결국 줄리어드 음대에 보냈고, 타고난 천재인 오빠를 뒷바라지해 컬럼비아대학교 컴퓨터 공학 박사로 만들었다. 자녀를 훌륭한 인물로 키우는 것은 어머니의 인생 최대 목표이자 의미였다. 마치 그것만을 위해 태어난 사람처럼, 어머니는 평생 목표를 이루기 위해 최선을 다했다.

그런 어머니에게 막내딸은 참 힘든 존재였을 것이다. 언니, 오빠와 달리 나는 이렇다 할 재능도, 뛰어난 머리도 없는 아이였다. 그렇다고 시키는 대로 말을 잘 듣지도 않았다. 하라는 공부는 하지 않고 구석에 숨어서 몰래 책을 보고, 피아노를 배우라 했더니 머리가 아파서 못하겠다 하고 바이올린을 배우라고 했더니 레슨 가는 길에 달고나에 빠져 길에서 놀고 있는 아이였다. 공부보다 책이 좋다, 바이올린도 싫다는 막내딸을 이해할 수 없었던 어머니는 점점 더 나를 엄하게 대했다.

어느 날, 어머니를 기쁘게 만들 수 있는 일이 생겼다. 초등학교 어느 때, 반에서 처음으로 1등을 한 것이다. 나는 너무 좋아 한달음에 집으로 달려가 엄마에게 말했다.

"엄마, 내가 1등을 했어. 100점을 맞았어!"

그런데 어머니는 냉정했다.

"반에서 1등이야? 전교에서는? 전교 1등이 아니잖아. 언니, 오빠는 항상 전교 1등을 하는데 반에서 1등을 하는 건 의미가 없어."

그러면서 성적을 더 올리려면 책을 그만 읽으라며 그날로 책 읽기를 금지시켰다. 책을 못 보게 한 것도 억울했지만, 처음 해본 1등을 그렇게 아무것도 아닌 일로 만들어버린 데 너무 큰 상처를 받았다. "잘했다!"는 단 한 마디 칭찬을 기대했을 뿐인데, 나의 어머니는 그런 작은 성과에 만족하는 사람이 아니었던 것이다.

◇ ◇ ◇

　　상파울루에서도 어머니는 자식 교육이 최우선이었다. 특히 언니와 오빠는 대학 입시를 준비해야 하는 나이였기 때문에 현지의 미국 사립 고등학교를 다니면서 어머니의 특별 관리를 받았다. 어머니의 감독하에 두 사람은 거의 매일 밤을 새면서 숙제를 하고 시험 준비를 했다. 나는 상대적으로 어려서 두 사람보다는 덜 했지만, 그래도 엄마의 무서운 지시 때문에 집에 오면 늘 거실 테이블에 앉아 공부를 해야 했다. 주말에 가끔 아버지가 소풍을 가자며 공원을 데려가곤 했는데, 그때도 우리는 엄마의 명령에 따라 교과서와 참고서를 바리바리 챙겨 가서 돗자리에 누워, 그 예쁜 풍경 속에서, 공부를 했다.

　　어머니가 나를 위해 해준 것이 없다는 말이 아니다. 빈속에 등교하지 말라고 매일 아침식사를 잊지 않고 꼬박꼬박 차려주

_그들이 리더인 이유

셨고, 대학교 때 시험기간 중에는 매일 새벽 광장동에서 학교가 있는 신촌까지 40분 거리를 차로 데려다주셨다. 그 덕분에 새벽에 도서관 문이 열리자마자 좋은 자리를 잡을 수 있었다. 통대 입시 준비를 하며 학원에 다닐 때는 저녁 도시락도 매일 싸주셨다. 이렇게 필요한 걸 다 해주셨지만, 내가 바라는 엄마의 따뜻함과 격려, 그것은 얻지 못했다.

통역사가 된 후에도, 아버지는 TV에서 통역하는 내 모습을 봤다며 자랑스럽다거나 대견하다는 말씀을 하셨지만, 어머니는 달랐다. 별말씀 없이 있다가 한마디 하셨다.

"그런데 네 머리 스타일이 잘못됐구나. 당장 바꿔라."

◇ ◇ ◇

내가 아이들에게 싫은 것을 강요하지 않고 애정 표현을 많이 하는 엄마가 된 것은 아마도 어머니에 대한 반작용일 것이다. 나는 아이들이 공부를 잘하는 것보다 매일매일 즐겁게 보내는 데에 더 의미를 두었다. 그림 한 장을 꼭꼭 채워서 완성하거나, 달리기 경주에서 1등을 하는 것 같은 작은 성취에 뛸 듯이 기뻐하는 엄마가 됐다. 아이들이 싫어하면 절대로 강요하지 않았다. 책과 참고서도 스스로 고른 것을 사줬고, 장난감도 옷도 스스로 고를 수 있는 자유를 줬다. 뭘 배우겠다 하면 학원을

4장 세계 정상에게 태도를 배우다

나무 아래 오두막(1892), 폴 고갱

끊어줬고, 배우기 싫다 하면 그만 다녀도 좋다고 했다. 어머니에게서 충족되지 못한 것을 내 아이들에게 주고 싶어서, 더 넉넉하고 더 따뜻한 엄마가 되려고 한 것이다.

그런데 막상 아이들의 진로 문제가 닥쳤을 때, 아이러니하게도 가장 먼저 생각난 사람은 어머니였다.

'맞아, 어머니! 어머니가 이런 문제의 전문가가 아닌가. 어머니라면 누구보다 잘해줄 것이다!'

결국 어머니가 내 두 딸의 미국 유학을 책임져주셨다. 첫째가 중학교 2학년 때 유학을 결심했을 때 어머니가 가디언guardian으로서 미국에 있는 언니네 지역으로 함께 가준 것이다. 가디언은 미성년자가 미국 유학을 갔을 때 보호자 역할을 해주는 사람을 뜻한다. 보통은 유학원을 통해 현지 한국인을 알선을 받는데 형식적인 경우가 많다. 다행히 어머니가 영주권을 갖고 있어서 직접 가디언을 해준 덕분에 아이의 등하교와 식사부터 학교생활, 공부까지 모두 맡길 수 있었다. 어머니는 영어 교사 출신이라 당연히 영어도 유창했다. 아이들 숙제도 봐주고, 생활 관리도 해주고, 학부모의 날Parent and Teachers Day, PTA에 학교에 가서 두 아이들의 학교생활 이야기도 듣고 진로 상담도 척척 해냈다. 덕분에 나는 유학 간 아이에 대해서 아무 걱정 없이 낮에는 통역을 하고 밤에는 편히 잠을 잘 수 있었다.

4장 세계 정상에게 태도를 배우다

어머니는 둘째 유학도 맡아주셨다. 중학교 1학년 때부터 대학에 입학할 때까지 아이의 가디언이 되어 먹이고 입히고 재우고 공부시키는 일을 다 해주셨다. 첫째와 둘째가 모두 유학 생활에 잘 적응하고 원하는 대학에 들어갈 수 있었던 것은 전적으로 어머니의 공이다. 내가 한 일이라고는 그저 어머니와 딸들이 이렇게 하기로 했다, 이렇게 결정했다고 말하면 알겠다고 말한 것이 전부다.

입장을 바꿔서 내 딸들이 나중에 아이들을 낳아서 나에게 유학 뒷바라지를 해달라고 부탁하면 나는 내 삶을 접고 미국으로 떠날 수 있을까? 나는 못 할 것 같다. 통역사로 일하는 내 삶이 너무 소중하기 때문에 포기할 수 없을 것 같다. 그런데 어머니는 그것을 기꺼이 해주셨다. 어머니도 분명 노후에 대한 다른 계획이 있었을 텐데, 나의 부탁에 모든 걸 포기하고 아이들을 맡아주신 것이다.

두 딸들을 어머니에게 맡긴 10여 년의 시간 동안, 나는 그 어떤 기간보다 어머니와 자주 통화했다. 엄마와 딸 사이에 오가는 살뜰한 대화는 전혀 아니었고 늘 아이들 진로 이야기, 학교 이야기를 나눴다. 그렇게 알게 된 어머니는 너무나 똑똑하고, 판단과 결단이 명쾌하고, 추진력이 빠른 사람이었다. 나에게 그러셨던 것처럼 역시 아이들에게도 엄격하게 대하는 것 같

_그들이 리더인 이유

았지만, 그래도 할머니의 푸근함을 내어주셨다.

아이들 교육 문제로 인해, 나는 어머니를 다시 보게 됐다. 어머니는 삶 자체를 일로 생각하는 분이었다. 늘 목표를 만들고 그것을 이루기 위해 문제를 하나씩 해결해나가는 것이 어머니의 삶의 방식이었다. 마치 직장 생활을 하는 것처럼 자식 교육에 사명감과 프로의식을 갖고 임한 것이다. 사랑을 원하는 딸에게는 매정한 엄마였지만, 한 명의 여자로서는 너무나 멋지고 대단한 분이었다. 조금만 늦게 시대를 잘 타고 태어났다면 어머니는 교육가나 사업가로 대단한 성공을 거두었을지도 모른다.

◇ ◇ ◇

위대한 여성 추리 소설가 중 한 명인 질 처칠Jill Churchill이 남긴 유명한 명언이 있다.

"There's no way to be a perfect mother but a million ways to be a good mom."완벽한 엄마가 되는 법은 없지만 좋은 엄마가 되는 법은 수없이 많다.

어쩌면 내가 너무 완벽한 엄마를 갖고 싶어 했는지도 모른

4장 세계 정상에게 태도를 배우다

다. 엄마도 한 명의 인간이고 자신만의 성격과 개성이 있는데, 나는 내 엄마가 늘 사랑을 퍼주는 따뜻한 엄마이기만을 바랐다. 나에게 딱 맞는 맞춤 엄마, 내 마음을 100퍼센트 알아주고 가득 채워주는 그런 엄마를 원했던 것인데, 세상에 그런 엄마는 없다.

나 역시 우리 딸들에게 완벽한 엄마가 아니었다. 나는 아이들에게 엄마의 손길이 가장 필요한 시기에 곁에 있어주지 않았고, 공부와 생활을 열심히 챙겨주지도 않았고, 인생의 중요한 결정을 내릴 때 별 도움을 주지 못했다. 늘 믿어주고 함께 있을 때 사랑을 열심히 표현하는 엄마이긴 했지만, 반면에 옆에서 밀착해서 관리해주는 엄마는 아니었던 것이다.

언젠가 큰딸이 "나도 단 하루라도 치맛바람이 센 강남 엄마랑 살아보고 싶어"라고 말했을 때 가슴이 철렁했다.

'그렇구나. 나는 사랑만 주면 되는 줄 알았는데 아이에겐 또 다른 면의 엄마도 필요하구나. 나의 어머니처럼 공부와 생활을 탄탄하게 관리해주는 엄마도 아이들에겐 필요하구나.'

나는 부족한 사랑만 크게 생각하고 나를 관리해준 엄마의 노력을 몰랐던 것이다.

사랑이 철철 넘치고 아이들의 말을 잘 들어주면서 공부도 스파르타식으로 시키고 생활관리도 철저히 하는, 그런 완벽한

_그들이 리더인 이유

엄마는 세상에 없다. 각자 자신의 형편에 따라, 가치관에 따라, 최선을 다하는 좋은 엄마들이 있을 뿐이다. 양육에 정답은 없다. 각자의 스타일대로, 개성대로, 소신대로 하면 된다. 물론 아이가 크게 작게 불만을 가질 수 있다. 그러나 언젠가는 알아줄 것이다. 엄마가 최선을 다했다는 것을. 엄마가 좋은 엄마라는 것을 알아줄 때가 올 것이다.

4장 세계 정상에게 태도를 배우다

바빠도 가족의 식사를
챙기는 이유

우리 집에서 나에게 밥을 차려달라고 요구하는 사람은 아무도 없다. 아이들도 남편도 알아서 먹을 테니까 걱정하지 말고 일하러 나가라고 나에게 말한다.

하지만 나는 계속 밥을 차린다. 일어나자마자 식구들이 아침을 먹을 수 있도록 반찬을 만들어 냉장고에 넣어두고, 찌개나 국을 끓여 놓는다. 시간이 너무 없을 때에는 샌드위치를 사와서 과일이나 샐러드와 함께 준비해둔다. 식구들이 깨기 전에 집을 나설 때는 꼭 쪽지를 써놓는다.

_그들이 리더인 이유

‘냉장고에 샌드위치와 샐러드가 있으니까 아침은 그걸로 먹으렴. 모자라면 계란 프라이 부쳐 먹고. 저녁에는 엄마가 늦을 것 같아. 된장찌개 끓여둔 것 있으니까 데우고 불고기 재워 놓은 것 익혀서 먹어. 사랑한다.’

이렇게 식사를 챙겨주려면 집에 늘 재료가 준비돼 있어야 한다. 그래서 나는 한번 장을 보러 가면 엄청난 쇼핑을 한다. 모자라면 또 사러 가야 하는데, 그럴 시간도 마음의 여유도 없으니까 한 번에 가서 많이 사는 것이다. 참치도 열 캔 넘게 사고, 스팸도 상자로 산다. 즉석밥도 잔뜩 사서 쟁여놓는다. 간식을 좋아하는 남편을 위해 과자도 몇십 개씩 한꺼번에 사고, 커피도 떨어지면 안 되니까 커피캡슐을 몇 박스씩 사놓는다. 이렇게 두서없이 쇼핑을 하다 보니 우리 집 부엌살림은 늘 포화 상태다.

아이들이 방학 때 집에 왔을 때, 너무 열심히 밥을 챙겨주는 나에게 살짝 불만을 표시한 적이 있다.

“엄마, 우리 다이어트해야 돼. 그만 좀 먹여요.”

아침 먹기를 싫어하는 남편 역시 볼멘소리를 한다.

“아침 먹으면 속이 거북한데, 안 먹으면 안 될까?”

이렇게 다들 알아서 먹을 테니 밥을 차리지 말라고 하는데,

4장 세계 정상에게 태도를 배우다

왜 나는 늘 식구들 밥 생각을 하고 새벽부터 일어나 밥을 차리고 있는 걸까?

◆ ◆ ◆

사실 식사 때 맞춰 누가 꼭 밥을 차려야 하는 법은 어디에도 없다. 하지만 그래도 내가 계속 밥을 차리는 이유는 아내이기 때문에, 엄마이기 때문에, 여자이기 때문이 아니라 내 가족을 사랑하기 때문이다.

나에게 끼니를 걱정하고 챙겨주는 것은 가장 기본적인 사랑의 표현이다. 내 아이가, 내 남편이 내가 차려주는 식사를 통해 배를 채우고 건강한 몸을 유지하기를 바라는 마음도 있지만, 늘 무엇을 먹었는지, 맛있게 잘 먹었는지, 사랑하기 때문에 신경이 쓰인다.

남편과 아이들은 그런 관심이 그다지 필요하지 않다고 하지만, 결코 그렇지 않다. 내가 밥을 먹었는지 늘 물어보고 시간이 될 때마다 밥을 차려주려고 애쓰는 사람이 있다는 건 알게 모르게 엄청난 힘을 준다. 마치 내가 세상에서 철저히 버림받아도 끝까지 내 곁에서 믿고 응원해줄 사람이 있는 것 같은 그런 든든함, 자신감을 준다.

나는 통역사로 일하면서 밥 때문에 서러운 일을 많이 겪었

_그들이 리더인 이유

다. 클라이언트가 밥 먹을 시간을 주지 않아 하루 종일 쫄쫄 굶으며 통역한 적도 많고, 행사장에서 나눠주는 호텔 도시락을 먹었다가 통역사가 왜 먹었냐며 항의를 받은 적도 있다. 먹는 것은 생존에 필요한 기본 행위이자 욕구인데 이것을 무시당하거나 차별당했을 때의 기분은 말로 표현하기 어렵다. 마치 사람대접을 못 받은 기분이 든다. 하지만 이럴 때 남편으로부터 "당신 밥 먹었어? 바빠도 꼭 챙겨 먹어"라는 문자 한 통을 받으면 그렇게 든든할 수가 없다. 딸들이 본인들이 먹은 식사 사진을 보내며 "엄마도 점심 맛있게 먹어"라고 문자를 보내면 서러움이 스르르 풀린다.

나를 걱정하고 지켜보는 사람이 있다는 것이 얼마나 큰 응원이 되는지 너무나 잘 알기에, 나도 남편과 아이들의 끼니를 즐거운 마음으로 챙기게 된다.

◇ ◇ ◇

통역하기 어려운 한국어 표현 중에 밥에 대한 말들이 참 많다.

"밥 먹었어?"

"밥 한번 같이 먹자."

"내가 밥 한 끼 살게."

"밥 꼭 챙겨 먹어."

이런 표현들은 그냥 문자 그대로 통역하면 이상하고 엉뚱하게 들린다. 그래서 반드시 밥에 대해 품고 있는 우리의 정서를 곁들여 설명해줘야 외국인이 이해할 수 있다.

밥을 매개로 친해지고 정을 쌓고 서로 걱정하고 위로를 주고받는 것은 어디서도 볼 수 없는 우리만의 문화다. 특히 '식구'食口라는 단어의 한자 뜻에서 알 수 있듯이, 함께 밥을 먹는 것이 가족이다. 그래서 나는 바쁘다는 것을 핑계로 가족의 식사를 모른 척할 수가 없다. 비록 함께 먹을 수 있는 시간은 많지 않지만 내가 차려줄 수 있을 때는 되도록 가족을 생각하며 밥을 차려주고 싶다.

그래서 나는 오늘도 새벽에 영어 오디오북을 틀어놓고 섀도잉을 하면서 남편이 먹을 아침거리를 신나게 준비한다. 베이컨을 굽고, 좋아하는 계란 요리를 만들고, 우유와 오렌지 주스를 준비하고 과일과 토마토를 한가득 썰어놓는다. 어설프지만 정성을 가득 담아 차린 아침과 함께 하루를 시작할 남편을 생각하면 마음이 흐뭇하다.

그러고 보면 가족을 위해 밥을 차리는 건 다른 누구도 아닌 나 좋으라고 하는 일인 것 같다. 내가 하면서 전혀 귀찮지도 고생스럽지도 않고 그저 기쁘고 즐겁고 흐뭇한 일. 사랑을 표현

_그들이 리더인 이유

하는 방법은 수없이 많다. 그저 나에게는 그것이 밥으로 표현
될 뿐이다.

워라밸은
당신의 선택입니다

얼마 전 첫째와 둘째가 동시에 귀국해 집에서 며칠을 함께 보낸 적이 있다. 여섯 살 터울의 두 아이는 정말 사이가 좋다. 둘은 함께 저녁을 먹고 나면 그 자리에서 과일을 먹고 커피를 마시며 몇 시간씩 이야기꽃을 피운다. 동생은 시카고에 있는 건축회사에서 직장생활을 하는 언니의 삶을 들으며 신기해하고, 언니는 동생의 학교생활을 재미있게 듣는다. 가벼운 생활 얘기도 많이 하지만 두 사람의 대화는 곧잘 사회 현상이나 이슈에 대한 진지한 토론이 되기도 한다. 미국에서 동양인으로 사는 것, 한국과 미국의 문화 차이, 한국의 심각한 저출생 문제,

_그들이 리더인 이유

점점 심화되는 미국의 보호무역주의 등 다양한 이슈를 놓고 밥상토론이 벌어진다.

하루는 둘째가 불쑥 내 얘기를 하면서 새로운 토론거리를 꺼냈다.

"나는 엄마를 보면 워라밸을 다시 생각하게 돼."

워라밸은 '워크 라이프 밸런스'Work-Life Balance의 앞 글자를 따서 만들어진 신조어로 '일과 삶의 균형'을 뜻한다. 원래 서양에서 노동시간 단축을 요구하는 노동운동에서 탄생한 개념인데 지금은 일하는 시간과 개인적 시간을 균등하게 배분하는 것, 삶의 질을 향상시키는 것으로 의미가 바뀌었다.

둘째의 말에 첫째가 곧바로 맞장구를 쳤다.

"나는 워라밸이 모든 사람에게 꼭 필요한 건 아닌 것 같아. 사람마다 다르겠지만 내 경우도 일을 하는 게 재미있는데 굳이 워라밸을 챙기느라 휴식이나 취미 생활을 찾아야 하는 게 부담스럽기도 해."

"그래, 언니. 나도 사실 그렇거든. 나도 지금은 미래를 위해 공부에만 집중하고 싶어. 취미나 여행, 연애 같은 걸 다 하면서 일에서도 성공하기는 쉽지 않잖아. 평생을 일에만 매진하는 것도 생각해봐야겠지만, 엄마처럼 자기가 사랑하는 일을 잘해내려면 어느 한 시기에 집중적으로 헌신하는 게 필요한 것 같아."

4장 세계 정상에게 태도를 배우다

"엄마도 아빠도 각각 통역사와 성형외과 의사가 되기 위해, 20~30대를 공부와 일에 올인해서 얻어낸 거라고 생각해. 워라밸을 휴식과 충전에 쓰는 것이 누군가에겐 건강한 삶을 위해 꼭 필요한 것일 수도 있지만, 자기 분야에서 최고가 되고 싶은 사람, 성공하고 싶은 사람에게는 잠깐 미뤄두는 것도 필요할 수 있어."

딸들의 대화를 들으면서 나도 워라밸에 대해 생각해보게 됐다. 사실 나는 지금까지 살면서 일 이외에는 별다른 욕구를 가져본 적이 없다. 아이들을 키울 때 잠이 모자라서 잠을 좀 실컷 잤으면 하고 바랐던 적은 있지만, 흔히들 말하는 것처럼 한 달만 아무 일도 안 하고 쉬고 싶다든지, 세계여행을 하면서 느긋하게 살고 싶다든지, 골프나 요가 같은 운동을 하고 싶다는 그런 욕구를 가져본 적이 없다. 내 생활의 중심은 늘 일이었다. 일을 끝내고 약간의 여유 시간이 주어지면 일을 더 잘하기 위해 영어 공부를 했고, 그러고도 남는 여유 시간이 있다면 가족을 위해 썼다.

◇ ◇ ◇

워라밸을 조사하고 평가하는 사람이 있다면 아마도 나에게 일과 삶의 균형이 심각하게 깨져 있으니 주의하라고 말할

_그들이 리더인 이유

나이트 버스(1945), 허버트 바담

것이다. 워라밸이 잘 지켜지지 않으면 대체로 건강도 나쁘고 행복지수가 낮다고 여기기 때문이다. 실제로 한국은 OECD 회원국인 38개국 중에 근로시간이 5위일 정도로 길고 행복지수는 10점 만점에 5.9점으로 최하위권이다. 2023년 글로벌 수면 인식 조사에서도 아침에 일어날 때 피곤하고 불행하다고 느끼는 사람이 세계 평균은 26퍼센트인데, 한국인은 59퍼센트로 나왔다고 한다.

그래서인지 워라밸에 대한 요구가 거세다. 돈을 조금 덜 벌더라도 워라밸을 보장하는 직장에서 일하겠다는 사람이 10명 중 7명이라고 한다. 2019년 통계청 조사에서도 "일과 가정이 모두 우선이다"라고 응답한 사람이 "가정보다 일이 우선이다"라고 응답한 사람의 수를 처음으로 초월했다고 한다. 통계청이 이 조사를 처음 실시했던 2011년에는 "일이 우선이다"라고 대답한 사람이 반 이상이었는데 2019년에는 42퍼센트로 줄었고 오히려 "일과 가정이 모두 우선이다"라고 응답한 사람이 44퍼센트로 가장 많아진 것이다.

나는 기업에서 당연히 직원들에게 워라밸을 보장해야 한다고 생각한다. 정해진 근로시간 이외에 추가근무를 시키지 않아야 하며, 피치 못해 추가근무를 요청한다면 반드시 추가수당을 지불해야 한다고 생각한다. 또한 정부도 기업이 근로자를

_그들이 리더인 이유

혹사시키지 않도록 노동시간을 적절하게 규제하고 잘 지켜지도록 시스템을 만들어야 한다고 생각한다.

그러나 그렇게 해서 얻은 여가를 어떻게 활용할지는 전적으로 개인의 선택이다. 정말로 나머지 시간을 가족과 함께 보내거나 휴식, 취미생활로 보내고 싶은 사람도 있겠지만, 나처럼 오히려 그 시간을 일을 위해 투자하면서 보내고 싶은 사람도 있을 수 있다. 내가 일을 더 잘하기 위해 영자신문을 읽고 영어소설을 오디오북으로 들으며 끊임없이 공부하는 것처럼, 여가를 이용해 외국어 공부를 하고, 필요한 자격증을 준비하고, 더 좋은 직장으로 옮기기 위해 자기계발 하는 것이다.

그리고 우리는 그 결과에 대해서도 당연하게 받아들여야 한다. 휴식하고 영화 보고 여행 가는 것을 소중히 여기는 사람은 여가가 주는 삶의 기쁨을 생생하게 만끽할 것이다. 계획하고 준비한 사람들은 반드시 결과로 증명해낼 것이다. 그럴 때 자기발전을 위해 노력한 사람을 향해 기쁘게 박수를 쳐줄 자신이 있다면, 나는 휴식과 재미를 선택하는 삶은 충분히 가치롭다고 생각한다.

◇ ◇ ◇

내가 30년이 넘게 통역을 하면서 만났던 모든 성공한 사람

4장 세계 정상에게 태도를 배우다

들은 다들 자발적 워커홀릭workaholic이었다. 그들은 남들보다 훨씬 이른 시간에 하루를 시작해서 황소처럼 일한다. 이들은 쉬는 시간에도 결코 쉬지 않는다. 복잡한 머리를 정리하고, 전문가에게 조언을 구하고, 더 좋은 아이디어를 찾아 헤맨다. 잠을 줄이고 줄여서 더 많은 일을 해내려고 애쓴다. 그렇게 일 중심으로 살아왔기에 그 위치에 오른 것이다. 워라밸을 다 챙기며 살았다면 결코 최고의 자리에 오르지 못했을 것이다.

나는 학교에서 제자들을 통해서도 이것을 확인한다. 통역사 공부를 하면서 취미와 연애를 절대로 포기 못하는 학생들이 있고, 모든 걸 다 포기하고 통역사 공부에만 올인하는 학생들이 있다. 그 결과는 불과 반년이면 충분히 확인할 수 있다. 당연히 공부에만 올인한 학생들이 단어도 표현도 훨씬 더 많이 알고 동시통역 실력도 쑥쑥 는다. 이런 학생들이 졸업시험도 무난히 통과하고 곧바로 국제회의 통역사로 뛰어들어 활발히 일한다. 워라밸을 꼬박꼬박 챙기면서 쉬엄쉬엄 공부한 학생들은 결국 통번역 실력이 뒤처지고, 졸업시험에서도 수차례 떨어지고, 정식으로 국제회의 통역사로 일하지 못하고 저가 통번역 시장에 자리 잡게 되는 경우가 많다.

과정이 있으면 반드시 결과가 있기 마련이다. 나는 자신에게 꼭 성취하고자 하는 목표가 있는데도 마냥 즐기는 것을 당

_그들이 리더인 이유

연하게 받아들이지 않았으면 좋겠다. 매일 저녁 6시에 칼퇴근해서 친구와 만나 영화보고, 집에 와서 잠을 충분히 자고, 주말에는 캠핑을 가고, 휴가기간에 해외여행을 다녀오는 삶을 누구든 동경할 것이다. 그러나 그 이상으로 더 탁월한 능력을 발휘하고 자신의 분야에서 최고가 되는 삶을 동경한다면, 워라밸을 더 배우고 능력을 키우는 데에 써야 한다.

최고에게는 취미도 휴식도 없다. 그리고 최고는 취미와 휴식으로 가득 찬 워라밸 없이도 충분히 행복하다. 일이 주는 도전, 승부욕, 성취, 이런 것들이 어떤 휴식이나 취미보다도 훨씬 큰 짜릿함을 주기 때문이다.

새벽에 깨어 있으면
생기는 일

나는 어릴 적부터 일찍 자고 동이 트기 전에 일어나는 습관이 있다. 새벽 4시경이면 저절로 눈이 떠진다. 어릴 적에 새벽마다 일어났던 이유는 두 가지였다. 첫째는 사과가 먹고 싶어서였다. 70년대에는 과일이 흔치 않았다. 그래서인지 어머니는 사과를 늘 박스로 사서 2층 다락방에 올려두고 조금씩 꺼내 나눠주셨다. 삼형제가 나눠 먹기에는 너무 적은 양이었다. 나는 사과를 워낙 좋아해 더 달라고 졸랐지만 어머니는 단호하게 안 된다고 하셨다. 그래서 다들 잠자는 새벽에 다락방에 몰래 올라가 먹고 싶은 사과를 상자에서 꺼내 야금야금 먹었다.

두 번째 이유는 동화책을 읽고 싶어서였다. 어머니는 내가 공부보다 동화책에 빠져 있다며 책 읽는 걸 싫어했다. 책을 읽고 있으면 늘 그 시간에 공부를 더 하라며 혼을 냈다. 어떻게 하면 엄마에게 혼나지 않고 책을 읽을까 궁리하다가 새벽에 일어나는 아이디어를 떠올렸다. 엄마가 잠든 시간에 몰래 일어나 다락에 올라가 사과를 먹으며 읽고 싶은 책을 실컷 읽는 새벽이 나에게는 하루 중 가장 기다려지는 시간이었다.

이때 생긴 습관으로 나는 계속 일찍 잠들고 새벽에 일어났다. 브라질에서 살 때에도 홀로 새벽에 일어나 거실의 창문을 열고 하늘이 푸른색에서 노란색으로 서서히 바뀌어가는 모습을 홀린 듯 쳐다보곤 했었다. 한국으로 돌아와 대학 입시를 준비하면서도 나는 식구들 중 제일 먼저 일어나 수학 문제를 풀고 역사 교과서를 읽었다. 대학에 다니면서도, 통역대학원을 다니면서도 새벽은 늘 나의 것, 나만의 시간이었다.

◇ ◇ ◇

일찍부터 새벽형 인간이 된 덕분에 통역사로 일하면서 덕을 많이 봤다. 국제회의나 기업회의는 대부분 아침 일찍 시작한다. 아침 7시에 조찬모임부터 시작하는 경우도 상당히 많다. 모임 시작 최소 한 시간 전에 도착하는 것이 원칙이니 기본적인 채비부터 회의 준비까지 다 하고 가려면 새벽에 일어나는 것이 유리하다. 주변 통역사들 중에 아침에 일어나는 것을 힘들어하는 사람들이 꽤 있는데, 나는 어려서부터 새벽에 일어나는 습관을 들여놓은 덕분에 훨씬 여유 있게 준비할 수 있었다.

새벽에 일어나는 가장 큰 장점은 하루가 길다는 것이다. 보통 사람들이 7시에 일어나는데 나는 새벽 4시에 일어나니 남들보다 하루를 몇 시간이나 더 쓸 수 있다. 그리고 새벽의 서너 시간은 정말 고요한 시간이기 때문에 집중이 잘돼 굉장히 많은 일을 할 수 있다. 조간신문도 읽고, 영자신문도 읽고, 회의준비도 하고, 수업준비도 하고, 오디오북을 들으며 아침 식사를 먹고 남편 식사까지 준비할 수 있다. 그러고도 머리를 감고 화장할 시간이 충분하다.

또 한 가지 장점은 긍정적인 사고를 갖게 되는 것이다. 동이 터오는 세상을 보고 있으면 "나는 할 수 있다"는 긍정의 생각이 절로 든다. 어둑했던 하늘이 태양빛으로 조금씩 환해지는 것을 보고 있으면 나의 목표와 계획이 떠오르고 더 열심히 살아야겠다는 생각으로 마음이 벅차오른다. 실제로 2021년 MIT-하버드 브로드연구소The Broad-Institute of MIT and Harvard에서는 평소보다 한 시간 더 일찍 일어나는 것만으로도 우울증 위험이 23퍼센트 감소한다는 연구 결과를 발표했다.

_그들이 리더인 이유

◆ ◆ ◆

물론 일찍 일어나는 삶이 모든 사람에게 맞지는 않을 것이다. 일찍 일어나고 일찍 자는 패턴이 맞는 사람이 있고, 늦게 일어나 밤 늦게까지 활동하는 패턴이 맞는 사람이 있다. 이렇게 각자에게 잘 맞는 활동 시간대를 영어로 '크로노타입'chronotype이라고 한다. 비교적 최근에 만들어진 개념이라서 과학계에서도 한창 연구 중이다. 특히 유전자에도 아침형 유전자와 저녁형 유전자가 따로 있다는 것이 밝혀져서 게놈genome 차원에서 분석 중이라고 한다.

다만 지금까지 밝혀진 바에 따르면, 아침형 인간이든 저녁형 인간이든 어쩔 수 없이 학교나 직장 같은 사회적 스케줄에 맞춰서 살아야 하기 때문에 완전히 홀로 작업하는 작가나 예술가가 아니라면, 대체로 아침에 일찍 일어나서 여유 있게 하루를 준비하는 것이 육체에도 정신에도 이로운 것이 사실이라고 한다.

나는 일 때문에 바빠서 운동을 거의 못 한다. 예전에 한참 체력이 필요할 때는 새벽에 아파트 정원을 뛴 적도 있었다. 지금은 아주 가끔 주말에 한가할 때 남편과 마롱이와 함께 산책하는 것이 내가 하는 운동의 전부다. 그런데도 50대 중반인 지금까지 건강에 큰 문제없이 잘 살고 있는 것은 아마도 일찍 일어나는 규칙적인 수면 패턴 덕분이 아닐까 한다. 일찍 잠자리에 들고, 누가 업어 가도 모를 정도로 깊게 자고, 규칙적인 시간에 일어나기 때문에 신체 균형이 잘 유지되는 것이 아닐까 한다.

우리나라에서 《아침형 인간》이라는 책이 베스트셀러였다면, 미국에서는 《미라클 모닝》Miracle Morning이라는 책이 아마존에서 베스트셀러 1위를 했다. 나는 이 책의 저자 할 엘러드Hal Elrod의 말에 깊이 공감한다.

"Wake up early everyday so that while others are still dreaming, you can make your dreams come true."

일찍 일어나면 남들이 여전히 꿈을 꾸고 있을 때 당신은 꿈을 이룰 것이다.

강한 멘털은 안정된 관계와
평범한 일상에서 나온다

나는 영어의 '리질리언트'resilient라는 표현을 좋아한다. 우리 나라에서는 회복탄력성이라는 뜻으로 번역되기도 했다. 원래 는 물건이 휘거나 늘어난 후 본래의 모양으로 잘 돌아가는 성 질을 가질 때 쓰는 표현인데, 정신적 쇼크나 상처, 불쾌한 사건 이 일어난 후 빠르게 회복하는 사람에게도 이 형용사를 쓴다. "She is resilient"라고 말하면 "그녀는 잘 회복해요" 혹은 "그녀 는 잘 극복해요"라고 번역할 수 있다.

30년 넘게 통역을 하면서 내가 큰 무리 없이 지내올 수 있 었던 것은 아마도 회복탄력성을 잘 발휘했기 때문일 것이다.

나는 오늘 있었던 일을 별로 마음에 담아두지 않는다. 아무리 나쁜 일이 있었더라도 바로 잊어버리고 누군가로 인해서 화가 나거나 속상해도 바로 잊어버린다. 그 대신 지금 해야 할 일, 내일 할 일에 집중한다.

사람들과의 관계에서도 크게 스트레스가 없다. 동료 교수들, 선배, 후배, 제자 등 모든 사람의 장점만 보고 단점은 마음에 담아두지 않는다. 클라이언트 관계자들, 에이전시 직원들과도 대체로 좋은 관계를 유지한다. 가끔 어떤 일이 발생해서 갈등이 생기기도 하는데 나는 내가 잘못한 것이면 진심으로 사과하고, 되도록 양보하고, 좀 손해를 보는 것으로 끝낸다. 불합리한 요구를 하는 사람에게도 그 자리에서는 그냥 사과한다. 그리고 다시 함께 일하지 않는 것으로 마무리를 짓는다. 항상 좋은 일만 기억하고 늘 감사하며 산다. 공부할 자료가 너무 많아 힘들 때는 오히려 이렇게 중요한 행사 통역을 맡겨준 고객사에게 감사하며 행복한 마음으로 공부한다.

사실 기억력이 좋지 않은 것도 스트레스가 없는 이유 중 하나일 것이다. 나는 통역에 필요한 단기 기억력은 뛰어나지만 장기 기억력은 형편없다. 나를 화나게 하거나 속상하게 했던 일들도 바로 잊어버린다. 아마도 너무 많은 양의 정보를 단기간 집중해서 사용하는 데에 뇌를 혹사시키기 때문에 장기 기억

_그들이 리더인 이유

저장 장치가 고장이 난 것 같다.

그래서 가끔 아주 난감한 일이 벌어질 때도 있다. 나에게 무섭게 항의를 했던 클라이언트나 기획사 대표를 다른 행사장에서 우연히 만났을 때, 나는 앞서 있었던 일을 깡그리 잊어버리고 반갑게 인사를 한다. 그 순간 상대방이 나에게 웃어야 할지 정색을 해야 할지 몰라서 당황하는 것이 느껴진다. 그러면 나도 그제야 기억이 떠올라 함께 당황한다.

◇ ◇ ◇

내가 이렇게 많은 일을 하면서도 스트레스가 많지 않고 '리질리언트'할 수 있는 이유는 무엇일까? 결코 내가 강한 멘털을 타고났기 때문이 아니다. 멘털이 강해서가 아니라 멘털을 지탱해주는 기반이 튼튼하기 때문이다. 늘 감사하는 마음, 좋은 관계, 그리고 평범하고 단순한 일상이 있어서다.

정말이다. 내가 이렇게 세상 풍파에 시달리면서도 스트레스는커녕 오히려 행복을 느끼며 살고 있는 것은 내 뒤에 나를 이해해주는 동료들과 든든한 가족이 있고 매일 반복하는 소중한 일상이 있기 때문이다. 세상이 두 쪽이 나도 절대로 변하지 않고 내 곁에 있어줄 사람들, 내가 끝까지 지켜야 할 것이 있다는 사실이 나를 강하게 만든다.

4장 세계 정상에게 태도를 배우다

그래서 나는 일을 더 잘하고 싶은 마음이 들수록 내 주변, 내 가족들과의 관계가 소중하게 다가오는 것을 느낀다. 만약 이들과의 관계에 금이 가서 내 일상이 깨져버린다면 나는 결코 지금처럼 왕성하게 일할 수 없을 것이다.

그래서 나는 바쁜 와중에도 내 일상과 나를 둘러싼 사람들에게 공을 들인다. 공을 들이는 데에 꼭 시간이 필요한 것은 아니다. 잠깐이라도 눈을 맞추고 환히 웃어주면 된다. 상대방이 하는 얘기를 건성으로 듣지 않고 마음으로 들어주면 된다.

나는 저녁에 통역 준비로 정신이 없어도 남편이 집 비밀번호를 누르는 소리가 들리면 하던 일을 모두 멈추고 남편을 맞이하기 위해 마롱이와 함께 현관으로 달려나간다. 마롱이를 데리고 산책을 다녀온 남편이 집 근처에서 내가 좋아하는 커피를 사 와서 공부하고 있는 내 책상 위에 살며시 올려주면 나는 고마움을 격하게 표현한다. 이런 것들은 불과 30초에서 1~2분 정도면 충분하다. 하지만 부부 사이를 정감 있게 만들어주고 나의 하루를 지탱하게 만드는 어마어마한 에너지가 된다.

딸들에게도 나는 똑같이 한다. 나는 단 한 번도 딸들에게 엄마가 바쁘니까 방해하지 말라는 말을 해본 적이 없다. 어릴 적 같이 살 때는 내가 통역 준비를 할 때 아이들은 늘 내 옆에서 공부를 하거나 책을 읽었다. 아이들이 공부가 막혀서 질문

_그들이 리더인 이유

해(1916), 에드바르 뭉크

을 하면 나는 꼭 대답을 해줬다. 방학 때 집에 오면 저녁을 먹고 단 10분이라도 함께 이야기를 나눴다. 내가 통역 준비를 시작하면 아이들은 내 옆에서 어렸을 때와 똑같이 책을 읽거나 공부를 시작했다. 딸들이 학교를 다닐 때 방학에 한국에 나오면 함께 책을 싸 들고 카페로 자주 갔었다. 스타벅스의 커다란 테이블에 자리를 잡고 음료수와 샌드위치, 케이크 등을 사서 공부를 하면서 하루 온종일을 보냈다. 각자 자신의 일을 하지만 중간중간 지칠 때마다 서로 격려하고 응원하면서 한 공간에 함께 있는 특별한 시간을 보낸 것이다.

◆ ◆ ◆

주변에서 일을 열심히 하면서 인간관계가 나빠지는 사람을 간혹 본다. 더 빨리 성취하려는 마음에 이기적으로 행동하고 함부로 말해 상처를 준다. 심지어 가족을 너무 당연하게 여기고 소홀하게 대한다. 그렇게 해서 더 빨리 높은 위치에 올라간다 한들 과연 행복할까? 함께 마음을 나눌 사람이 한 명도 남아 있지 않다면, 성공이 무슨 소용일까.

일을 더 잘하고 싶은 사람들, 성공을 꿈꾸는 사람들이 이것을 절대로 놓치지 말았으면 좋겠다. 우리에게 정말로 필요한 것은 성공보다도 사랑을 주고받을 수 있는 단단한 관계다. 그

_그들이 리더인 이유

뿌리를 튼튼하게 만들어야 일도 잘할 수 있다. 완성된 관계는 없다. 당연한 관계도 없다. 하루하루 공을 들이고 보살피며 키워나가야 한다. 바쁘더라도 그들을 위해 잠시 일을 멈추고 차를 끓이거나, 눈을 맞추고 이야기를 하거나, 함께 산책을 하는 시간을 가져야 한다. 그것은 일에 쏟아야 하는 시간을 빼앗기는 것이 아니라 일에 필요한 에너지를 얻는 것이다.

매일 새벽에 일어나 신문을 보는 것, 남편을 위해 아침을 차리는 것, 저녁 찬거리를 걱정하는 것, 마롱이와 함께 산책하는 것, 시어머니와 친정어머니에게 안부 문자나 전화를 드리는 것, 아이들과 카톡으로 수다를 떠는 것…, 이런 작은 일상들이 통역사 임종령을 지탱해주는 힘이다.

◇ ◇ ◇

"There was nothing inherently special about it, but that's what made the whole thing so memorable." 특별할 것이 전혀 없지만 그래서 모든 것이 더 기억에 남는다.

소설가 에마 이글스턴Emma Eggleston의 《탈출》Escape이라는 소설에서 본 글이다. 우리가 갖고 있는 모든 소중한 추억들은 사랑하는 사람들과 함께한 평범한 일상이다. 더 많이 아끼고 사

4장 세계 정상에게 태도를 배우다

랑하며 살기를, 흔들림 없이 일상을 지키며 살기를, 오늘도 새
벽 동이 트는 모습을 바라보며 다짐한다.

베테랑의 공부

대한민국 정부 1호 동시통역사의 자기 연마의 시간

초판 1쇄 발행 2023년 5월 15일
초판 4쇄 발행 2024년 9월 2일

지은이 임종령
펴낸이 김선식

부사장 김은영
콘텐츠사업본부장 박현미
콘텐츠사업9팀장 차혜린　콘텐츠사업9팀 강지유, 최유진, 노현지
마케팅본부장 권장규　마케팅1팀 최혜령, 오서영, 문서희　채널1팀 박태준
미디어홍보본부장 정명찬　브랜드관리팀 오수미, 김은지, 이소영, 서가을
뉴미디어팀 김민정, 이지은, 홍수경, 변승주
지식교양팀 이수인, 염아라, 석찬미, 김혜원, 백지은, 박장미, 박주현
편집관리팀 조세현, 김호주, 백설희　저작권팀 이슬, 윤제희
재무관리팀 하미선, 윤이경, 김재경, 임혜정, 이슬기
인사총무팀 강미숙, 지석배, 김혜진, 황종원
제작관리팀 이소현, 김소영, 김진경, 최완규, 이지우, 박예찬
물류관리팀 김형기, 김선민, 주정훈, 김선진, 한유현, 전태연, 양문현, 이민운
외부스태프 글구성 최지현　교정교열 김승규　디자인 표지 어나더페이퍼 본문 박재원

펴낸곳 다산북스　출판등록 2005년 12월 23일 제313-2005-00277호
주소 경기도 파주시 회동길 490 다산북스 파주사옥
전화 02-704-1724 팩스 02-703-2219　이메일 dasanbooks@dasanbooks.com
홈페이지 www.dasan.group　블로그 blog.naver.com/dasan_books
종이 스마일몬스터　인쇄 민언프린텍　코팅·후가공 제이오엘앤피　제본 다온바인텍

ISBN 979-11-306-9941-7(03300)

다산북스(DASANBOOKS)는 책에 관한 독자 여러분의 아이디어와 원고를 기쁜 마음으로 기다리고 있습니다. 출간을 원하는 분은 다산북스 홈페이지 '원고 투고' 항목에 출간 기획서와 원고 샘플 등을 보내주세요. 머뭇거리지 말고 문을 두드리세요.